www.tredition.de

„Mit wertlosem Sommergeld in den Taschen liegen wir wieder auf der Spreu des Hohns, im Herbstmanöver der Zeit. Und der Fluchtweg nach Süden kommt uns nicht, wie den Vögeln, zustatten."

— Ingeborg Bachmann, Herbstmanöver, Die gestundete Zeit, 1953

Martin Seelos

Franz Kafka und das feudale Prinzip

2017

www.tredition.de

Franz Kafka und das feudale Prinzip, © 2017 Martin Seelos

Beiträge zur Kulturgeschichte, Teil 2

Cover-Illustration: Bildbearbeitung: Martin Seelos 2017, unter
Verwendung von: Wenzel Jamnitzer, Perspectiva Corporum
Regularium, Nürnberg 1568 (dokumentiert von der Sächsische
Landesbibliothek – Staats- und Universitätsbibliothek Dresden, vgl.:
http://digital.slub-dresden.de/werkansicht/dlf/12830/).

Verlag: tredition GmbH, Hamburg

ISBN
978-3-7439-4913-3 (Paperback)
978-3-7439-4914-0 (Hardcover)
978-3-7439-4915-7 (e-Book)

Printed in Germany

Bibliografische Information der Deutschen Nationalbibliothek: Die
Deutsche Nationalbibliothek verzeichnet diese Publikation in der
Deutschen Nationalbibliografie; detaillierte bibliografische Daten sind
im Internet über http://dnb.d-nb.de abrufbar.

Inhaltsverzeichnis

Für Christine

Vorwort

Im Jahr 2017 noch ein Buch über Franz Kafkas Werk herauszugeben, grenzt an Wahnwitz. Der 1924 Verstorbene war zwar
Zeit seines Lebens nur Insidern ein Begriff. Dafür gehört Kafka
heute zu den meistgelesenen Schriftstellern des 20. Jahrhunderts. Und das weltweit. Dazu trug zum einen die Historie der
Herausgabe und der Rezeption bei, besonders die frühe Inter-
nationalisierung der Kafka-Lektüre ab den 1930er und 1940er
Jahren. Zum anderen können Menschen auf der ganzen Welt
offensichtlich etwas mit dieser Literatur anfangen: Sie bringt
etwas in uns zum Schwingen, vielleicht Ängste, vielleicht ein
kurzes Gefühl der Trauer wegen der ausweglosen Situation der
Protagonisten. Das muss nicht für alle Zeiten gelten, auch Goethes Werther sprach am stärksten den Zeitgeist des ausgehen-
den 18. Jahrhunderts an. Aber zumindest heute kann noch gelten: Bereits der weltweite Kafka-Lesekonsum ist ein Kriterium
guter Literatur. Dieser Konsum hat aber gleichzeitig die Konsequenz, dass es eine schier unüberblickbare Anzahl von Kafka-
Interpretationen und Analysen gibt. Ein Bonmot der Literaturkritik lautet, es wären so viele, wie es begeisterte Leser des Autors gebe ...

Ja, selbst das „Über-Kafka-ein-Buch-schreiben" wurden zu einem literarischen Topos, Thema einer Kurzepik:

„Böse Zungen, oder vielmehr deren Besitzer, behaupten –
und ich sehe sie dabei hämisch lächeln – dass ich an einem
Buch über Kafka schreibe. Diese Anschuldigung trifft nicht zu,
ich weise sie zurück. (...) Ehrlichkeitshalber möchte ich zuge-

ben, dass ich mich vor langer Zeit einmal mit dem Gedanken trug (...) ein Buch über Kafka zu schreiben. (...) Was mich damals allerdings davon abhielt, war weniger eine Abkehr von dem Thema als der Umstand, dass meine sämtlichen Bekannten bereits an einem Buch über Kafka schrieben (nicht alle an einem; jeder für sich natürlich). Aus irgendeiner Tücke des Schicksals heraus, die zu bedauern ich heute wahrhaftig keinen Grund mehr habe, hatten sie alle früher damit angefangen (...) und nun war für mich kein Aspekt mehr übrig, im Lichte dessen ich Kafka hätte deuten können. Deshalb spielte ich eine kurze Zeit mit dem Gedanken, einen der bedeutenderen Kafka-Biographen herauszugreifen und ein Buch über ihn zu schreiben, aber auch diese Idee hatte mir ein anderer, der, wie ich, zur Verteilung der Gesichtspunkte zu spät gekommen war, vorweggenommen."[1]

Allein über die Rezeption Kafkas gibt es bereits eine Rezeption. Eine kritische Analyse über die Analyse. Und vielleicht wird es eine Analyse über die Analyse über die Analyse geben. Eine never ending story? Bereits in den 1960er Jahren wurden Stimmen laut, den Autor einen Kafka sein zu lassen und sich nicht weiter an ihm zu versuchen.[2] Das hat was für sich. Andererseits ist diese Haltung auch ein klein wenig despotisch, da sie ja die bislang versuchten Deutungen nicht verhindern kann. Die einen also bestehen lässt und die anderen nicht zulässt. Was hingegen wohl stimmt: Eine lesenswerte und neue Kafka-Interpretation kann überhaupt nur barbarisch unternommen werden, indem sowohl die bisherigen Interpretationen als auch die vermutete Wirkung der eigenen gleichgültig bleibt.

Die Barbarei gegenüber der Literaturkritik ist vielleicht weniger eine furchtbare als vielmehr fruchtbare Haltung – zumindest im Vergleich zu dem Anspruch, das letzte Wort zum Thema „Kafka" bereits gesprochen zu haben. Das geht auf lange Zeit nicht gut aus. In den letzten Jahren ist eine eigenartige Selbstbeschränkung der Kunstkritik auf den Markt gekommen. So lesen wir über Kafka und seine Interpreten:

„Selten hat ein Dichter tiefere Spuren im imaginativen Bewusstsein seiner Nachwelt hinterlassen, und selten hat eine Dichtung mehr Deutungen und Missverständnisse hervorgebracht. (...) Nicht selten haben sich Klischees und begriffliche Imagologien ausgeprägt, die allein aus Werk und Biographie des Dichters nicht zu begründen sind. So erscheint das Image Kafkas oftmals aufgeladen mit Bedeutungen aus konkreten kollektiven oder historischen Erfahrungskontexten einer Gesellschaft. (...) Offenbar taugt ‚Kafka' auch als Projektionsfigur für außerliterarische Sinnproduktion."[3]

Hinter dieser Haltung steht der Anspruch, es gebe für die Literaturkritik nur ein jeweils begrenztes Set an Inhalten, die allein aus Werk und Biographie des Dichters zu begründen seien. Deswegen interessiert sich die neue Bescheidenheit der Kritik zu 50 % für die Biographie und nur zu den restlichen 50 % für das Werk im weitesten Sinne. Das Interesse an der Biographie stammt von einer gewissen Ängstlichkeit, sich nur ja nicht zu weit von leicht belegbaren Tatsachen weg zu bewegen. Aber die gesamte Geschichtswissenschaft und erst recht die Kulturgeschichtswissenschaft sieht die Faktensammlung und -aufbereitung höchstens als Hilfswissenschaft an – sie ist aber nie und nimmer die Königsdisziplin. In letzter Konsequenz geht es immer um die Interpretation nach einem bestimmten Paradigma, aus einer bestimmten Perspektive, mit einer bestimmten Absicht. Eine Interpretation, eine Deutung, eine Analyse – welchen Begriff wir hier auch wählen wollen – beinhaltet in Wirklichkeit nie nur das isolierte Kunstwerk, sondern immer synchron auch die Gesellschaft und ihre Historie, sowohl des Künstlers, als auch die des Interpreten und des anzusprechenden Lesers.

Kafka als Projektionsfigur für außerliterarische Sinnproduktion? Gewiss, bloß dass es so oder so keine aseptisch reine Trennung zwischen literarischer und außerliterarischer Sinnproduktion gibt. Ja gerade der Sinn ist die gemeinsame Klammer zwischen der Literatur und der außerliterarischen Wirklichkeit. Der Punkt ist bloß, ob die Literaturkritik gerade diese Klammer richtig setzt. Da kann freilich viel falsch gemacht werden. So wie überall sonst auch.

„Es versteht sich von selbst, dass der Autor in Tschechien anders aufgenommen wird als in Japan, den USA, Israel oder Russland, wo völlig verschiedene Rezeptionsentwicklungen und -bedingungen vorliegen."[4]

Richtig, bloß genau das ist kein Unding, sondern der natürlichste Lauf der Dinge. Und es ist schön, dass Kafkas Texte so vielen Menschen in so vielen Sprachräumen etwas Unterschiedliches zu sagen vermögen. Weshalb misstrauen, es könne sich irgendwo auf dieser Welt ein irgendwie falsches Kafka-Bild eingenistet haben, das einer kritischen und biographisch abgesicherten Interpretation nicht standhalte?

Gehen wir nun ein wenig mehr ins Detail.

Wenn wir in das Online-Tool Google Books Ngram Viewer den Begriff „Franz Kafka" für den Zeitraum 1920 bis 2010 eingeben, bekommen wir als Graph ausgeworfen, wie oft dieser Begriff im Corpus der Millionen eingescannten Bücher pro Erscheinungsjahr der Bücher vorkommt – vereinfacht gesagt.[5] Der Graph zeigt sozusagen die Verankerung eines schriftlichen Kulturgutes in einem Sprachraum – auf Basis einer repräsentativen Stichprobe. Im deutschen Sprachraum rangieren einige prominente Autoren des 20. Jahrhunderts – wir wählten hier die Begriffe Ingeborg Bachmann, Hermann Hesse, Max Frisch, Günter Grass und Franz Kafka – im Google Books Ngram Viewer ungefähr gleichauf. Aber in allen genannten nichtdeutschen Sprachräumen hängt der Begriff „Franz Kafka" die anderen Autorennamen ab, ab den 1960er Jahren (im US-amerikanischen, britischen und spanischen Buchmarkt) und dann noch einmal ganz deutlich ab den 1980er Jahren (zusätzlich im französischen und italienischen Sprachraum). Interessant ist es auch, wenn wir Franz Kafka gegen die jeweiligen Top-Autoren des nichtdeutschen Sprachraums antreten lassen: William Faulkner und Ernest Hemingway schaffen rund doppelt so viel Einträge im amerikanischen Buchmarkt; aber auf dem britischen Markt liegen Faulkner und Kafka wieder gleich auf. Vergleiche wie diese lassen sich mit unterschiedlichen Ergebnissen fortführen; es gibt auch Größen wie Thomas Mann oder Jean-Paul Sartre, die Franz Kafka in unterschiedlichen Sprachräumen abhängen.

Damit soll weder gesagt werden, dass Kafka der beste oder bedeutsamste deutschsprachige Autor des 20. Jahrhunderts sei – eine Aussage, die wegen ihre Allgemeinheit bereits unsinnig wäre. Aber eines ist sicher: Bereits wegen der Globalisierung der Kafka-Lektüre ist der Anspruch, sich auf eine verbindliche und biographisch abgesicherte Werksinterpretation zu beschränken, realitätsfremd. Die Fragestellung gegenüber einem globalen Phänomen führt vom Ort des Entstehens des Kunstwerkes weg und zum Ort des Kunstkonsums hin.

Der „Kafka-Atlas" ist ein Forschungsprojekt der TU Dresden und setzte 2003 eine weltweite Online-Umfrage zur Kafka-Rezeption ins Netz. Der Rücklauf war bis dato eher bescheiden – aber immerhin für Leser aus zwölf Ländern groß genug, um die Ergebnisse zu aggregieren. Dabei zeigte sich, dass Leser aus Ländern, die im 20. Jahrhundert den Kapitalismus gegen eine (degenerierte) Planwirtschaft austauschten, die Frage – „Welcher Text Kafkas gehört unbedingt in die „TOP 10" der Weltliteratur?" – eher anders beantworteten als die Leser aus allen anderen Ländern. Das ist vermutlich kein Zufall. In Deutschland, der Tschechischen Republik, der Slowakei und der Russischen Föderation wurde der Roman „Der Prozeß" als wichtiger eingestuft als die Erzählung „Die Verwandlung" bzw. wurde „Das Schloß" zusammen mit „Der Prozeß" häufiger genannt als „Die Verwandlung" zusammen mit „Das Urteil". Leser aus Ländern ohne Bruch des Kapitalismus votierten mehrheitlich genau umgekehrt – mit Ausnahme der Türkei und den Niederlanden. Kann Zufall sein oder andere Gründe haben, vielleicht aber auch nicht. Die Unterschiede könnten so interpretiert werden: Die Erzählung „Die Verwandlung" oder auch „Das Urteil" spricht die Versagensängste der Menschen in der Marktwirtschaft an, die Romane „Das Schloß" und „Der Prozeß" hingegen die Erfahrungen mit undurchschaubaren Machtstrukturen.

Ja, in den Ergebnissen der Umfrage der TU Dresden können auch andere Muster erkannt werden. Aber zumindest ist eines sicher: Kafka ist nicht nur ein globales Kulturgut, Kafka wird auch global unterschiedlich wahrgenommen. Seine Texte bedienen unterschiedliche Bedürfnisse. Ein Buch über Kafka, in dem Kafka nur als Stichwortgeber für außerhalb des Textes liegende Kulturphänomene fungiert ... ist genauso legitim wie ein Buch, das diese weite Reise nicht unternimmt und „zuhause" im Prag und Mitteleuropa der 1910er und 1920er Jahre bleibt. Das Lokale und das Biographische mag abhandeln, wer will. Aber deswegen ist das Über-lokale und Über-biographische nicht weniger legitim – gemessen an der Tatsache eines weltweiten Kafka-Lesekonsums.

Kommen wir zu dem Ausgangspunkt zurück: Grenzt es an Wahnwitz, 2017 noch ein weiteres Kafka-Buch herauszugeben? Keineswegs. Es bedeutet nur, dass niemand sagen kann, in welchem Verhältnis das hier vorliegende zu den sonstigen 10.000

Büchern über Kafka steht. Freilich heißt dies umgekehrt, dass sich niemand von den 10.000 Büchern abzuschrecken lassen braucht, die hier vorliegende Analyse kennenzulernen oder eine eigene zu erarbeiten oder keine zu erarbeiten und nur Kafka für sich zu lesen. In dieser Hinsicht kann man es gern mit dem Wiener Kulturhistoriker Egon Friedell (1878–1938) halten, der in seinem Buch „Kulturgeschichte des Altertums" sagte, dieses stehe in keinem Zusammenhang mit seiner „Kulturgeschichte der Neuzeit" und lakonisch schloss:

„Man kann daher ebensogut dieses Werk vor jenem lesen wie jenes vor diesem, aber auch nur dieses oder nur jenes und sogar beide nebeneinander; und man kann auch keines von beiden lesen."[6]

Aber wenn Sie bis hierher gefolgt sind, so können Sie genauso gut gleich weiterlesen.

Einleitung

In diesem Buch geht es um drei zusammenhängende Themen. Zuerst erkennen wir in der Handlung der Romane Kafkas einen durchgängigen Konflikt: den des Individuums mit einer fremden Macht, die Ersterem den Platz zum Leben limitieren möchte. Alleine das in Kafka zu „entdecken", ist wohl weder neu noch originell. Erst wenn wir konkreter werden, wird es spannend: der Konflikt zwischen dem bürgerlichen Individuum und dem feudalen Prinzip. Das Feudale an diesem Prinzip bezieht sich zwar auf die im 19. Jahrhundert ökonomisch überholte und aufgelöste feudale Klasse, aber das Prinzipielle daran ist als höchst reales Ding nicht totzukriegen. Es lebt in dem Phänomen der Bürokratie fort – einer sich verselbstständigenden Vermittlung zwischen den eigentlichen Subjekten des Kapitalismus genauso wie jenen der Planwirtschaften des 20. Jahrhunderts. Erst in dieser historischen Dimension kann auch die politische Brisanz Kafkas entschlüsselt werden.

Zweitens sind wir dem Phänomen Individuum auf der Spur, um das literarische Individuum bei Kafka mit dem realen Individuum zu konfrontieren. Das reale Individuum als historischer Typus erstand nach dem europäischen Mittelalter in einem sozioökonomischen Prozess: der Umwandlung der feudalen Dorfwirtschaft in eine globale Warenwirtschaft. Während dieser jahrhundertelangen Umwandlung produzierte das reale Individuum auch die Vorstellung seiner selbst: die Idee des Individuums, wie sie etwa in der Aufklärung des 18. Jahrhunderts bei Immanuel Kant auftritt und wie sie in den Widerspruch zu ihrer eigenen sozialen Basis gerät. Das Produkt dieses Widerspruches ist eine Ideologie.

Drittens begegnet uns das Individuum im Kunstprozess, also in der Produktion, der Distribution und der Konsumtion von Kunst. Wir werfen einen Blick auf die sich ständig ändernde soziale Stellung des Künstlers und auf die Barrieren, die das Kapital oder die Bürokratie der Planwirtschaft dem individuellen Bewusstsein des Künstlers setzt. Dieses Bild wäre nie komplett ohne einen Abstecher zu den Usancen der Kunstvermittlung. Hier setzt geradezu von selbst die Kritik an der Bevormundung der Kunst durch die stalinistische Bürokratie an, für die die Rezeption Franz Kafkas in der damaligen CSSR nur ein, aber beredtes, Beispiel ist. Eigentlich würde sich ja unter tatsächlich sozialistischer Kunstproduktion und -konsumtion jegliche Vermittlung erübrigen und damit konsequenterweise auch jede Kunstkritik: Kunst ist, sobald sie produziert und genossen wird – und das genügt.

Falls Ihnen diese Themen zu schwer, abstrakt und kompliziert erscheinen, können Sie dieses Buch natürlich dennoch lesen: als lockere und gleichzeitig zitaten-reiche Konversation. Es soll ja niemandem zu schwer gemacht werden und auch deswegen beginnt dieses Buch mit einer literarischen Auflockerungsübung zu dem Thema: Franz Kafka als Romancier.

Auflockerungsübung

Die Grenze zwischen Kurzgeschichte und Roman liegt vielleicht irgendwo bei einer Länge von 40–60 Seiten. Aber es reicht zumindest für den gelungenen Roman nicht aus, einfach nur eine längere Kurzgeschichte zu sein. Der Roman führt die Leser in eine eigene Welt. Eine Kurzgeschichte hingegen lebt davon, bei der ungebrochenen Distanz zwischen Leben und Text zu bleiben. Es ist so, als würde der Autor der Kurzgeschichte mit dem Auge zwinkern und sagen: „Das ist nur ein Text, du kannst jederzeit den Text weglegen und nichts hat sich geändert, das weißt du." Von diesem Augenzwinkern, dieser ironischen Distanz lebt die Gattung Kurzgeschichte, sie muss kurz etwas aus sich machen. Romane funktionieren anders. Sie nehmen dich als Ganzes mit auf eine Reise – mit ungewissem Ausgang. Aus diesem Grunde war Franz Kafka auch Romancier. Er verstand etwas von der besonderen Magie des Romans, auch wenn seine eigenen unfertig blieben. Max Brod berichtet von Gelegenheiten, bei denen Franz Kafka voll Begeisterung aus einer besonders gelungenen Passage vorlas oder Überlegungen zu dem Ende äußerte.

Ja, „Das Schloß" und „Der Prozess" verführen von Anfang an. Es ist schwer, nicht weiterzulesen, wenn die ersten Sätze wie folgt lauten:

„Jemand mußte Josef K. verleumdet haben, denn ohne daß er etwas Böses getan hätte, wurde er eines Morgens verhaftet. Die Köchin der Frau Grubach, seiner Zimmervermieterin, die ihm jeden Tag gegen acht Uhr früh das Frühstück brachte, kam diesmal nicht. Das war noch niemals geschehen."[7]

Oder:

„Es war spät abends, als K. ankam. Das Dorf lag in tiefem Schnee. Vom Schloßberg war nichts zu sehen, Nebel und Finsternis umgaben ihn, auch nicht der schwächste Lichtschein deutete das große Schloß an. Lange stand K. auf der Holzbrücke, die von der Landstraße zum Dorf führte, und blickte in die scheinbare Leere empor."[8]

Der Roman „Das Schloß" beginnt also eine Spur verhaltener. Aber gleichfalls mit einer stillen, suggestiven Kraft, die erst in der Phrase „scheinbare Leere" zum Ausdruck kommt. Darin kündigt sich bereits das Leitthema des Romans an. Ohne die „scheinbare Leere" fänden wir uns bis zu diesem Punkt der üblichen Prosa einer Wahrnehmungs-Empfindung gegenüber. Vielleicht macht es einen Unterschied, ob der Leser zum ersten Mal an dieser Stelle steht oder aber alle paar Jahre oder alle paar Jahrzehnte zu dieser Lektüre greift. Auch wer die Romane des Prager Autors bereits irgendwann einmal gelesen und somit zumindest ungefähr im Gedächtnis behalten hat, wie alles ausgeht: Auch dann ist es schwer, nicht weiterzulesen. Ehe wir es uns versehen, sind wir in einer anderen Welt gefangen und müssen mit den K.s bis zu deren Ende leiden. Nur die mitunter komischen Passagen in Kafkas Bücher erlauben uns wieder Distanz, sind aber selbst wieder Motivation, weiter zu lesen. Im Grunde aber hoffen wir dennoch mit K. und nicht etwa mit dessen Gegenseite. Wir empfinden höchstens etwas Mitleid, also ein Gefühl einer zumindest empathisch Distanz, dass sich K. so schlimm in sein Unglück verstrickt; und dieses Mitleid liegt irgendwo zwischen Distanz und Identifikation, die ja ansonsten jeder negative Held auch verdient. Dabei sind die K.s eigentlich nicht wirklich Sympathieträger. Eigentlich sind sie rechthaberisch. Selbst die Figur des Karl in „Amerika" ist zumindest nach heutigen Maßstäben moralisch zu aufgeladen, um als Held zu fungieren. Wenn wir beim Lesen mit einem Helden mitleben, dann deswegen, weil dieser eine Eigenschaft zu 90 % hat, die wir im wirklichem Leben vielleicht zu 3 % haben. Auch das Konzept des Antihelden funktioniert so: Der Unglücksrabe hat zu 90 % jenes Pech, das wir vielleicht zu 3 % haben. Dass er sich daneben benimmt, empfinden wir als unsere Entlastung. Die Übertreibung unserer Schwächen in der Person eines anderen macht dieselbe Schwäche für bzw. bei uns weniger arg. Dennoch ist es nicht leicht, sich mit den K.s oder mit Karl zu identifizieren: Sie sind eigentlich weder gute Helden noch gelungene Antihelden – dennoch hoffen wir jedes Mal, gewiss töricht, sie mögen am Ende gewinnen. Welche Tricks hatte der Romancier Kafka auf Lager, uns so von Anfang an mit einem – um es grob zu formulieren – Pedanten zu fesseln, und nicht etwa zu langweilen?

Bevor wir versuchen, eine Antwort auf diese Frage zu finden, werfen wir einen Blick auf die Prosa anderer Roman-Autoren, um im Gegenzug vielleicht Kafkas Technik besser zu verstehen.

„Viele Jahre später sollte der Oberst Aureliano Buendia sich vor dem Erschießungskommando an jenen fernen Nachmittag erinnern, an dem sein Vater ihn mitnahm, um das Eis kennenzulernen. Macondo war damals ein Dorf von zwanzig Häusern aus Lehm und Bambus am Ufer eines Flusses mit kristallklarem Wasser, das dahineilte durch ein Bett aus geschliffenen Steinen, weiß und riesig wie prähistorische Eier."[9]

Zwei Sätze nur und wir sind mitten drinnen, gefangen in einer eigenen Welt und müssen den diversen Generationen von Buendias bis zum Ende ihrer Existenz folgen. Marquez verwendet (a) die Vergangenheit und (b) die Exotik, um uns zu entführen. Exotik nicht nur für die Leser aus der nördlichen Hemisphäre, denn Macondo ließ Marquez im Urwald entstehen und dieser bedeutet selbst für die Leser der lateinamerikanischen, afrikanischen und asiatischen Metropolitan-Regionen die Spur Exotik, um die Fiktion zu würzen. Die Vergangenheit im Sinne von Geschichte kommt auch in dem Halbsatz ...

„(...) Wasser, das dahineilte durch ein Bett aus geschliffenen Steinen, weiß und riesig wie prähistorische Eier."

... zum Ausdruck, ohne dass hier die Vergangenheit bereits Patina angesetzt hat. Bei Marquez ist die Vergangenheit das Ursprünglich-Frische, nicht das Nebelhaft-Ferne, wie in folgendem Beispiel:

„Mein Vater war ein Bauernsohn aus einem uralten Dorfe, welches seinen Namen von dem Alemannen erhalten hat, der zur Zeit der Landteilung seinen Spieß dort in die Erde steckte und einen Hof baute. Nachdem im Verlauf der Jahrhunderte das namengebende Geschlecht im Volke verschwunden, machte ein Lehenmann den Dorfnamen zu seinem Titel und baute ein Schloß, von dem niemand mehr weiß, wo es gestanden hat."[10]

Hier benötigen wir vielleicht schon etwas mehr Geduld, um weiterzulesen, bis wir von dem Roman gefangen sind. Leicht macht es uns wieder folgender Start:

„Stately, plump Buck Mulligan came from the stairhead, bearing a bowl of lather on which a mirror and a razor lay crossed. A yellow dressing gown, ungirdled, was sustained gently-behind him by the mild morning air. He held the bowl aloft and intoned: -- Introibo ad altare Dei."[11]

Ja, ein hübscher und gleichzeitig ironischer Auftritt. In der weiteren Folge des ersten Kapitels aus „Ulysses" treten wir in einen Ort mit eigener Atmosphäre, irgendwo zwischen griechischer Mythologie, blasphemischem Kirchenlatein, dem Geruch gerösteter Nieren, englischem Schwarztee, schlechtem Gewissen und dem Baden im Meer. Das ist schwer zu toppen. Eines können wir hier für unsere Überlegungen mitnehmen: Sowohl bei Marquez als auch bei Joyce besteht der Ansatz gleich zu Beginn mit der Auflösung des Alltags, des Alltäglichen, des Banalen. Historizierend bei Marquez, theatralisch bei Joyce. In beiden Fällen kommt der Alltag später. Filmreif bleibt folgender Text bis zum Schluss:

„Am Nachmittag meines einundachtzigsten Geburtstags, als ich mit meinem Buhlknaben im Bett lag, kam Ali und sagte, der Erzbischof sei da und wolle mich sprechen. ,Sehr gut, Ali' stammelte ich auf spanisch durch die geschlossene Tür des großen Schlafzimmers. ,Bring ihn in die Bar und biete ihm etwas zu trinken an' ,Hay dos. Su capellán también.' ,Sehr gut, Ali! Biete dem Kaplan auch etwas zu trinken an' Mit dem gewerbsmäßigen Verfassen von Romanen habe ich nun schon vor zwölf Jahren aufgehört. Immerhin, werter Leser, wenn Sie meine Bücher irgend kennen und sich die Mühe machen wollen, den ersten Satz nochmal zu lesen, müssen Sie zugeben, daß ich von meiner alten Schläue im Anzetteln eines packenden Beginns noch nichts eingebüßt habe."[12]

Auch hier ein grandioser Start, wie beim Schispringen geht es zuerst steil in die Höhe, um Raum zu gewinnen. Freilich ist der Trick, dass der Protagonist als der Autor auftritt und sogar das „Anzetteln eines packenden Beginns" erwähnt, um die Leser für einen kurzen Augenblick zu Komplizen des Autors zu machen, nur bei einem Buch verwendbar, ohne albern zu werden. Immerhin aber kann es sich Burgess leisten, so zu beginnen, denn „Earthly Powers", wie der Roman im Original heißt, schildert ein Ausnahmeleben, wie es aber nur das 20. Jahrhundert bieten konnte, und Carlos, zu dessen Heiligsprechung der schwule Protagonist mit einem schriftlichen Gutachten ausrücken soll, ist eine Anspielung auf Angelo Giuseppe Roncalli, vulgo Papst Johannes XXIII., ebenfalls eine sympathische Ausnahmeerscheinung.

Nun kommen wir zu einem anderen Typus der Entführung der Story durch den Roman: Gerade das Außergewöhnliche soll zu Beginn vermieden werden, um den durchschnittlichen Leser bei dessen durchschnittlichen Lebenserfahrungen abzuholen.

„Es war schon dunkel, als ich in Bonn ankam, ich zwang mich, meine Ankunft nicht mit der Automatik ablaufen zu lassen, die sich in fünfjährigem Unterwegssein herausgebildet hat:"[13]

Ebenfalls das Außergewöhnliche aussparend, zumindest für damalige Umstände:

„Ende November bei Tauwetter gegen neun Uhr morgens eilte der Eisenbahnzug Warschau-Petersburg mit Volldampf seinem Ziel entgegen (...) In einem Wagen dritter Klasse fanden sich, als es hell wurde, zwei Fahrgäste am Fenster einander gegenüber:"[14]

„In das Tor eines Gasthofes der Gouvernementsstadt N. N. rollte ein recht hübscher, federnder Wagen, von der Art, wie mit ihnen die alleinstehenden Herren zu fahren pflegen:"[15]

„Es war im Juli, in der heißesten Zeit, als gegen Abend ein junger Mann seine Kammer verließ (...)"[16]

Irgendwer geht oder fährt irgendwo hin, kommt irgendwo an. Mit dem Reisen und der Bewegung lässt sich gut ein Roman beginnen und dessen Figuren nach und nach auftreten. Vor allem im 19. Jahrhundert schätzten Autoren diesen Beginn. Der hat ja auch einen praktischen Vorteil: Man kann mit einer realistisch anmutenden Alltagshandlung beginnen, aber gleichzeitig etwas Besonderes darstellen, denn man fährt ja nicht ständig hin und her – die Ausnahme wäre die Realität des Berufspendelns und das Beispiel aus Heinrich Bölls Roman setzt gerade hier an:

„Es war schon dunkel, als ich in Bonn ankam (...)"

– das ist das Alltägliche zum Abholen des Lesers (Typ A),

„ich zwang mich, meine Ankunft nicht mit der Automatik ablaufen zu lassen"

– das ist das Besondere, wenngleich in diesem Fall nicht wirklich Außergewöhnliche (Typ B),

„die sich in fünfjährigem Unterwegssein herausgebildet hat."
– Typ A.

Dieses A-B-A-Schema lässt sich variieren, in „Der Prozeß" haben wir eher ein B-A-B vor uns. Oder verhält es sich doch anders? Gleichwie, wir werden sehen. B-A-B erkennen wir jedenfalls auch bei Albert Camus:

„Heute ist Mama gestorben. Oder vielleicht gestern, ich weiß es nicht."[17]

Der Tod der Mutter ist zweifellos der Bruch mit dem Alltag – Typ B. Die Phrase „Oder vielleicht gestern" nimmt dem Ereignis an Bedeutung, nähert wieder an den Alltag an – Typ A. Der letzte Halbsatz des Zitats irritiert wiederum, er gibt dem Tod der Mutter eine lakonische Note. Dass der Todestag der Mutter unbekannt ist – da kann irgendetwas nicht stimmen (Typ B).

Im 20. Jahrhundert als Romanbeginn ebenfalls beliebt: Der Protagonist wacht auf bzw. muss in der Früh aufstehen. Auch das ist sehr praktisch, denn wer sich etwa an einen Traum oder an den Vortag erinnert oder wer sich schnell die Aufgaben des Tages oder die nächsten Schritte ins Gedächtnis ruft, führt gleichzeitig implizit, sanft und natürlich in die Handlung des Romans ein. So gesehen bei allen drei Teilen der Anselm-Kristlein-Trilogie von Martin Walser oder eben in „Der Prozeß" von Franz Kafka.

Fast schon zu offensichtlich ist es hingegen, den Protagonisten mit dem Vorsatz beginnen zu lassen, besondere Geschehnisse aufzuzeichnen, einen Bericht anzufertigen oder ein Tagebuch zu schreiben. Auch hier lässt sich eine Alltags-Handlung (etwas aufschreiben) mit dem Bruch des Alltags (etwas ist bedeutsam genug, aufgeschrieben zu werden) verbinden. Diese Variante kennen wir von Dostojewskij, nämlich aus der Erzählung „Die Sanfte" (1876). Das Schema wäre hier A-B-A. Ein anderes Beispiel für diese Variante:

„Das beste wäre, die Ereignisse Tag für Tag aufzuschreiben. Ein Tagebuch zu führen, um klarzusehen."[18]

An dieser Stelle wäre es auch möglich, die Erwartungen des Lesers in die Irre zu führen und eben nichts Besonderes, also keinen Bruch mit dem Alltag aufzuzeichnen. Und auf diese Art und Weise die Irritation des Lesers wieder zurück auf den Alltag zu lenken. Unser Schema wäre hier A-A-B. An dieser Stelle setzt die rezente „Autofiktion" an, also die literarische Version des TV-Formats reality show.[19] Gleichwie. Wir kommen nun zu Autoren, die zwischen der Populärliteratur (durchaus im guten Sinne) und der hohen Literatur liegen:

„Ich traf mit dem Zug erst beim Einnachten ein, bei tiefliegenden Wolken und tristem Schneegestöber, dazu war alles vereist. Die Veranstaltung fand im Saale des Kaufmännischen Vereins statt. Publikum war nur spärlich vorhanden, da gleichzeitig in der Aula des Gymnasiums Emil Staiger über den späten Goethe las."[20]

Friedrich Dürrenmatt verwendet nach diesem Start das ebenfalls beliebte Verfahren der mehrfachen Handlungsebenen: (1) Die Rahmenhandlung, mit der der Roman anhebt und (2) die eigentliche Story, die der erzählenden Person der ersten Ebene von einer Zufallsbekanntschaft, dem Kriminal-Kommandanten, erzählt wird und die zum überwiegenden Teil der Kommandant wiederum gar nicht selbst erlebt hatte, sondern (3) sein Untergebener, Matthäi. Hier ist die Rahmenhandlung Alltag und die eingebettete Geschichte das Außergewöhnliche und selbst dieses Außergewöhnliche hebt wiederum betont alltäglich und langsam an, mit dem geplanten beruflichen Wechsel Matthäis zu der jordanischen Polizei. Dieser kommt dann nicht zustan-

de, weil sich Matthäi fast widerwillig in seinen letzten Fall verstrickt und an diesem zugrunde geht. Der Leser wird somit über
gleich mehrere Schienen der Alltäglichkeit zu der Spannung des
Außergewöhnlichen hingeführt. Sozusagen: Der Flug zu der eigentlichen Kriminal-Spannung hebt sachte an und wir gleiten
beim Lesen lange bodennahe dahin. Das hat selbstverständlich
den Zweck, der Geschichte die Aura des Authentischen zu ver-
leihen. Der Autor stellte den klassischen Krimi (wieder) auf eine höhere literarische Stufe. Und neben Poe und Dostojewskij
(„Schuld und Sühne") bot Dürrenmatt der zweiten Hälfte des
20. Jahrhunderts die Vorlage für den literarisch anspruchsvollen Krimi bzw. den echten Roman mit eingebautem Krimi-Plot.

Nun ein anderes Beispiel:

„Das Büro schloß um fünf, aber Robert blieb noch fast eine ganze Stunde länger an seinem Zeichentisch sitzen. Nach
Hause zog ihn nichts, und wenn er später aufbrach, entging
er wenigstens dem Gewühl der Autos, die die Angestellten von
Langley Research zwischen fünf und halb sechs von den Park-
plätzen des Werkes holten."[21]

Wir kommen gleich auf Patricia Highsmith zurück, bei deren Romancier-Technik einige Hinweise auf Kafkas Technik zu
finden sind. Vorerst werfen wir noch einen Blick auf einen ähnlichen Roman-Beginn:

„Der ‚Tag der Infanterie‘ fiel diesmal auf einen Mittwoch, aber
der Schnee unter dem klaren Februarhimmel glitzerte sonntäg-
lich. An einem solchen Tag hast du verdammt wenig Lust, in der
Kaserne herumzulungern. Dich erfüllt ein geradezu physisches
Verlangen, Stiefel und Blechzeug zu putzen und dem dienstha-
benden Unteroffizier mit ein paar schönen Worten einen Pas-
sierschein abzuhandeln."[22]

Das ist von Wladimir Kornilow (1928–2002). Kornilow gehört
allerdings nicht in die Schublade Populärliteratur und ist sehr

wahrscheinlich heutzutage zu Unrecht eher in Vergessenheit geraten. Seine Prosa kann in einer Hinsicht als Gegenpart zu Highsmith, Dürrenmatt oder Ambler angesehen werden. Kornilow lässt nämlich jegliche, zumindest bewusst eingebaute, Doppelbödigkeit & Ironie vermissen. Es fehlt das Salz gewissermaßen. Wladimir Kornilow verhält sich in dieser Hinsicht zu Patricia Highsmith wie Lew Tolstoi zu Fjodor Dostojewskij. Die Romane von Kornilow fesseln dadurch, dass sie gut geschrieben sind, echte Antihelden Identifikation und Empathie verdienen und indem die Handlung Spannung hat. Aber die Handlung ist nur deswegen spannend, weil der Alltag in der Sowjetunion kurz nach dem Zweiten Weltkrieg, den Kornilow literarisch verarbeitete, irgendwie abenteuerlich war: Alle schlagen sich durch die Widrigkeiten des Alltags und wollen eigentlich nur eines: ein normales Leben führen, ihr kleines Glück erringen. Dabei erleben die Protagonisten Abenteuer, weil die äußeren Umstände diesem Vorhaben entgegenstehen. Diese Konstellation erinnert uns an die Figur des braven Soldaten Schwejk (Jaroslav Hašek). Spannung des Alltags bedeutet hier nicht, dass der Alltag als doppelbödig erfahren wird, sondern dass sich was tut. Alles ist im Indikativ gehalten, in der Dur-Tonart, nichts im Konjunktiv oder in Moll. Nichts ist unheimlich. Dazu kommt, dass Kornilow mit dem klassischen Dreier-Aufbau – (1) Einführung in die Konflikt-Konstellation, (2) Durchführung bzw. Kampf, (3) Auflösung des Konflikts mit welchem Ergebnis auch immer – bricht. Sein Handlungsaufbau ist so polyzentral, wie das etruskische Rom auf sieben Hügeln kein eigentliches Zentrum hat. Selbst wenn am Ende des Jugendromans „Ohne Arme, ohne Beine" der Protagonist ohne Erfolg Suizid begehen möchte, ist dies kein tragischer Abschluss. Es ist überhaupt keine Auflösung des Konflikts:

„Ich weiß nicht, wie lange ich bewußtlos dagelegen haben

mochte. Als ich nach Hause geeilt war, hatte ich nicht auf die Uhr geschaut, und jetzt war ich zu faul, sie hervorzuziehen. (…) ‚Einen blauen Fleck wird das geben‘, dachte ich ‚ganz fürchterlich wahrscheinlich, und mit der Stimme ist auch etwas los. Na egal‘, beschloß ich, ‚wenn es bis zur Prüfung nicht vergeht, binde ich mir eben den Hals ein. Sie sollen glauben, daß ich einen Wärmewickel trage.‘ Ich lag ziemlich lange da, stand dann widerwillig auf, verriegelte hinter mir die Türe, versteckte den Schlüssel in einer Spalte der Türschwelle und ging zu Fjodor. Es war dunkel, Wolken zogen auf, und mich fröstelte, obwohl ich das Hemd fest zugeknöpft hatte."[23]

Damit endet der Roman, um auch einmal auf ein Ende zu sprechen kommen. Hier ist die Aussage ganz klar: Es geht einfach so weiter. Zwar nicht ganz genau so wie gehabt, aber irgendwie. Hingegen ist bei Highsmith der Alltag, selbst wenn nichts Spannendes geschieht, doppelbödig und voller Fallen. Die Fallen bedrohen den Lebensentwurf der Helden, werden von diesen aber nicht bzw. nicht gleich erkannt, weil die Fallen gleichzeitig Alltag sind. Am deutlichsten ist dies in „Edith's Diary" (1980) durchgezogen, am geringsten in den klassischen Ripley-Romanen Highsmiths. Aber auch hier wird der Alltag der Normalos zelebriert, ausgiebig wird immer wieder geschildert, wie sich jemand auf einen guten Drink freut und sich einmal einen Fingerbreit mehr einschenkt, um sich auch etwas zu gönnen. In „Der Schrei der Eule" (1962) sehen wir besonders schön die Struktur des Alltags. Der Alltag ist zuerst wie erwartet – Typ A. Dann gibt es eine leichte Veränderung des Alltags, eine Variation wie oben in dem Text-Beispiel aus „Die Ansichten eines Clowns" von Heinrich Böll – Typ B. Noch immer glauben Leser und Protagonist, dass der Lebensentwurf diese Variation des Alltags locker aushält. In „Der Schrei der Eule" besteht diese Variation darin, dass Robert hie und da eine fremde Frau

durch das Küchenfenster beobachtet (Typ A), so dass irgendwann die Grenze zum Voyeurismus überschritten ist (Typ B).
Doch wäre hier und selbst nach seinem Auffliegen ein Zurück
zum ersten Alltag (Typ A) durchaus noch möglich gewesen; aber
die beobachtete Frau reagiert mit Empathie und Projektion auf
Roberts Verhalten – Typ C –und nun gibt es keinen Weg zurück
zur Ausgangslage (Typ A). So nimmt das Drama seinen Lauf.
Jeder Versuch des Protagonisten, zurück zu seinem Alltag zu
kommen, erfordert besondere Handlungen. Handlungen, deren Konsequenz immer weiter von dem Ziel Alltag wegführen.
Dieses Konzept war nicht von Highsmith „patentiert", wiewohl
sie es bis zur Perfektion beherrschte. Dieses Konzept verfolg-
te zum Beispiel auch der britische Thriller-Autor Eric Ambler
(1909–1998). Einer seiner Titel lautet geradezu programma-
tisch: „Anlass zu Unruhe". Amblers Krimis spielen unter anderem in Mitteleuropa während des Faschismus, in der Levante,
auf dem Balkan oder im Afrika der Entkolonialisierung. So
bieten die äußeren Umstände genügend Anlass, das Leben der
Antihelden durcheinander zu bringen. Wie bei Kornilow und
Highsmith möchte sich der Protagonist eigentlich nur durchs
Leben schlagen und die Defizite an Wohlstand und Glück durch
die eine oder andere kleine Trickserei ausgleichen. Aber damit
wird der Antiheld angreifbar und glaubt mittels einer weiteren,
diesmal etwas größeren, Trickserei auf die sichere Seite des Alltags zurück gelangen zu können; was natürlich nicht gelingen
wird ... im Gegenteil. Freilich muss Ambler für dieses Vorhaben der Komplexität der politischen Wirklichkeit schon arg
zusetzen, um diese für den Thrill handlungsfähig zu halten.
Deswegen ist Ambler zwar spannender als Highsmith, diese
aber stutzt, da sie beim rein Privaten bleibt, die Wirklichkeit
weniger zusammen. Aber andererseits wird die Wirklichkeit
auch nicht verarbeitet. Genau diese Tatsache ist das Charakte-

ristikum der Populärliteratur, auch der guten Populärliteratur. Diese setzt ihr Werk neben die Wirklichkeit und nicht hinter die Wirklichkeit, um ein gelungenes Sprachbild von Max Frisch abzuwandeln:

„(. . .) gibt es offensichtlich wenig deutsche Gedichte, die nicht antiquarisch sind – antiquarisch schon in der Metaphorik; sie klingen oft großartig, dennoch haben sie meistens keine Sprache: keine sprachliche Durchdringung der Welt, die uns umstellt. (. . .) Das Banale der modernen Welt (jeder Welt) wird nicht durchstoßen, nur vermieden und ängstlich umgangen. Ihre Poesie liegt immer vor dem Banalen, nicht hinter dem Banalen. Keine Überwindung, nur Ausflucht (. . .)."[2]

So gesehen durchdringt Highsmith – vielleicht mit Ausnahme von „Edith's Diary" – das Banale dieser Welt nicht. Bei Franz Kafka verhielt es sich vielleicht gerade umgekehrt, hier ist die gute Unterhaltung für einen verregneten Sonntagsnachmittag die Ausnahme. Innerhalb des Kontextes der Populärliteratur verarbeitet Highsmith zwar nicht das Banale, aber sie arbeitet mit dem Banalen, mit dem Alltag. Und das durchaus gekonnt, sodass wir den fiktiven Alltag als unseren Alltag akzeptieren könnten, selbst wenn es der Alltag eines Mörders ist. Aber der Mörder ist zugleich ein echter negativer Held. Wir halten ihm insgeheim zugute, ein Mörder durch Zufall und der Umstände und nicht einer von Anfang an bestehenden kriminellen Energie geworden zu sein. Die Verbrecher bei Highsmith sind keine pathologischen Killer und wir billigen ihnen daher auch zu, nach der blutigen Tat Anrecht auf einen gemütlichen und erholsamen Alltag zu haben. Dazu kommt: Wie bereits erwähnt sind bei Patricia Highsmith und Eric Ambler die winzigen, schrittweise vor sich gehenden Verschiebungen des Alltags sowohl für die Plausibilität als auch für die Spannung der Handlung wesentlich. In Wirklichkeit ist der Alltag dubios und hier sind wir ganz genau dort, wo wir hinwollten: bei Franz Kafka. Dieser setzt bei der Tücke des Alltags noch eins drauf. Und zwar durch die Art und Weise, wie dem Leser Details des Alltags geschildert werden, nämlich in der Art eines Buchhalters.

„Die Köchin der Frau Grubach, seiner Zimmervermieterin, die ihm jeden Tag gegen acht Uhr früh das Frühstück brachte, kam diesmal nicht. Das war noch niemals geschehen."[25]

Das Nicht-Alltägliche setzt sich mittels des Alltags durch, durch dessen Veränderung, wie in der genannten Populärliteratur. Aber im Gegensatz zu diesen geht es bei Kafka nicht schrittweise zu. Hier ist bis zu dem Halbsatz „kam diesmal nicht" der Alltag als Typ A gesetzt, der Rest des Satzes ist die Verschiebung des Alltags (Typ B), der aber – ein Charakteristikum der Texte von Kafka – gleichzeitig als Typ C fungiert, der bodenlose Absturz ins Ungewisse.[26] Das machen Highsmith und Ambler nicht. Es ist so, als würden Kafkas Protagonisten an jeder an sich harmlosen Verschiebung des Alltags deren Potential zum Schlittern in das Unglück abtasten. Hier geht es nicht mehr nur um reale Verschiebungen des Alltags, sondern auch um die Verschiebung der Wahrnehmung des Alltags. Zu dieser Attitüde wird der Leser in „Der Prozeß" hingeführt:

„Nun aber stand er mit seinen Papieren in der Mitte des Zimmers, sah noch auf die Tür hin, die sich nicht wieder öffnete, und wurde erst durch einen Anruf der Wächter aufgeschreckt, die bei dem Tischchen am offenen Fenster saßen und, wie K. jetzt erkannte, sein Frühstück verzehrten."[27]

Das hätte ein Missverständnis oder sonst irgendwie belanglos sein können. Dass aber die Wärter, die im Brotberuf in K.s Bank nur untere Angestellte sind, die vom Prokuristen K. jederzeit gemaßregelt werden können, nun im Zusammenhang mit dem Prozess dem Protagonisten das Frühstück wegessen dürfen, ist beunruhigend. Es demonstriert auf einer sehr plastischen Art und Weise, dass der Prozess alle hierarchischen Verhältnisse des Alltags umkehrt, in das Gegenteil verkehrt. Wir lernen daraus: Man kann dem Alltag nicht mehr trauen. Max Frisch hätte sein Kriterium, was gute von schlechter Lyrik unterschiedet, auch auf die Prosa anwenden können. Dabei müsste eigentlich zu dem Schluss gekommen werden: Kafkas Texte durchdringen das Banale, indem sie Misstrauen gegenüber dem Alltag erlernen lassen. Das Misstrauen gegenüber dem Alltag führt dazu, dass alle Gegenstände, Umstände und jedes Verhalten mit einer Art überscharfen Aufmerksamkeit betrachtet werden. Das macht der Protagonist, er wird durch die Umstände zu diesem Misstrauen gegenüber dem Alltag geführt; aber das macht auch Frank Kafka als Romancier. Denn Kafka kann nun den Text mit zahlreichen Beschreibungen von Gegenständen, Umständen und Verhalten füllen, weil diese zu der überscharfen Aufmerksamkeit des Protagonisten gehören könnten. Wir sagen „gehören könnten" und nicht „gehören", weil dies nicht immer so sicher ist.

„Wie, auch ein Telefon war in diesem Dorfwirtshaus? Man war vorzüglich eingerichtet. Im einzelnen überraschte es K., im ganzen hatte er es freilich erwartet. Es zeigte sich, daß das Telefon fast über seinem Kopf angebracht war, in seiner Verschlafenheit hatte er es übersehen."[28]

Man darf nichts übersehen, man darf nichts locker nehmen, man sollte am besten immer alles registrieren, die möglichen Folgen mitberechnen. Soweit auf der Ebene der Protagonisten. Auf der Ebene von Franz Kafka als Romancier beutet dies: nicht einfach drauflos schreiben. Und tatsächlich hat man beim Lesen den Eindruck: Hier sitzt jeder Satz. Es gibt kein Füllmaterial, keine Schnörkel und keine sanften Übergänge, die moderne Roman-Autoren bewusst platzieren, um den Handlungsaufbau architektonisch zu gestalten, auf eine Klimax genau im letzten

Drittel zusteuernd. Kafka hingegen schien eher eine modulare Arbeitsweise gepflegt haben, jedes Kapitel ist irgendwie in sich abgeschlossen, als Modul.

„Das Manuskript des Romans „Der Prozeß" habe ich im Juni 1920 an mich genommen und gleich damals geordnet (...) Die Einteilung in Kapitel sowie die Kapitelüberschriften rühren von Kafka her. Bezüglich der Anordnung der Kapitel war ich von meinem Gefühl angewiesen."[29]

Ganz sicher war sich Brod nicht und konnte es auch nicht sein. Einige Kapitel erkannte er als unfertig, und auch diese hatte Brod der Herausgabe Kafkas Werke jeweils angehängt. Alle drei großen Romane Kafkas – „Der Prozeß", „Das Schloß" und „Amerika" – sind formal gesehen unfertig und Kafka wollte sie nicht der Nachwelt hinterlassen, weder in dem letzten, rigoros formulierten Willen, noch in einem älteren letzten Willen an Max Brod:

„Von allem, was ich geschrieben habe, gelten nur die Bücher: Urteil, Heizer, Verwandlung, Strafkolonie, Landarzt und die Erzählung Hungerkünstler."[30]

Das sind nun alles Kurzgeschichten, keine Romane. Möglich, dass sich Kafka selbst an dem unfertigen Charakter der drei Romane stieß – die Nachwelt stieß sich jedenfalls nicht daran. Möglich aber auch, dass sich Kafka selbst nicht als Romancier sah. In der Auflistung an Max Brod ist „Der Heizer" als Kurzgeschichte gemeint und nicht als erstes Kapitel des Romans „Amerika". Und dass es überhaupt denkbar ist, ein Kapitel eines Romans als Kurzgeschichte herauszugeben, demonstriert die modulare Arbeitsweise des Autors, das Zurücksetzen der Eigenschaft als Romancier. Aber Kafka war tatsächlich zumindest auch Romancier und nur so schuf er mittels der drei Romane seine unangefochtene Stellung in der Weltliteratur.

Kafka und das feudale Prinzip

Irgendwie ist Herr K. von seinem Selbst abgespalten worden, denn ohne dass ihm etwas Böses angetan wurde, wurde er eines Morgens Objekt des Kampfes mit sich selbst. Indes, der Kampf mit der eigenen Einbildung kann so ohne weiteres nicht gewonnen werden. Herr K. gelangt durch den Kampf nicht zu einer gereiften Persönlichkeit, im Gegenteil. Vielleicht hätte er einfach im Bett liegen bleiben sollen. Ein Prozess? Ohne mich! Diese Option stünde zumindest Herrn K. offen, falls der Prozess einer seiner Psyche ist. So in etwa auf wenige Sätze komprimiert könnte die individualistische Deutung lauten. Und diese Deutung könnte – wenn wir etwa die Prosa „Das Urteil" (1913) mit Franz Kafkas Brief an seinen Vater aus dem Jahr 1919 vergleichen – leicht ausgebaut werden.[31] Aber stimmt sie überhaupt? Wird Herr K. nicht tatsächlich am Ende in einem Steinbruch hingerichtet? Prosaisch einfach, weil er seinen Prozess verloren hat? Franz Kafka zeichnet nicht nur die Neurosen nach, die seine K.s gleichwohl unzweifelhaft besitzen, sondern auch einen äußeren Kampf. Frei nach Woody Allen könnte man sagen: Die Tatsache, dass K. einen Verfolgungswahn hat, bedeutet noch lange nicht, dass er nicht wirklich verfolgt wird. Und hier setzt die nächste populäre Deutung an, die des äußeren Kampfes. Diese Deutung bekommt geradezu sofort eine politische Note und so wurden Kafkas Werke in den Nachkriegsjahrzehnten vor allem in Osteuropa auch verstanden.

Kafkas Werk – vor allem die beiden großen Romane „Der Prozeß" und „Das Schloß" – lassen und ließen sich immer als belletristische Verarbeitung des Phänomens der Bürokratie bzw. der bürokratischen Herrschaft lesen. Der Einzelne gerät aus irgendeinem Grund in die Fänge dieser Krake, glaubt zeitweise seine Chancen gut, hier wieder heil herauszukommen. Ein fataler Irrtum. Mit jeder Bewegung, die er als Einzelner unternimmt, verstrickt er sich immer mehr in den Fangarmen des Monsters und wird schließlich von diesem erdrückt. Diese Lesart ist sehr eingängig und führte bezeichnenderweise dazu, dass Kafkas Werke in den bürokratischen Diktaturen Osteuropas längere Zeit auf dem Index standen.[32]

Wenn man näher hinblickt, kann man sich auch die Frage stellen, welche Funktion das Mittel der Übertreibung hat. In „Die Verwandlung" wird die Übertreibung – ein Angestellter verwandelt sich in einen Käfer und kann deswegen nicht zur Arbeit gehen – als alptraumhaft oder gar surreal erlesen. Das ist der Extrem-Standpunkt, denn von hier weg ist dann klar, dass auch die Bürokratie übertrieben nachgezeichnet ist, eben als Alptraum. Freilich schwächt diese Lesart die implizite Gesellschaftskritik an der bürokratischen Herrschaft wieder ab, denn wenn alles übertrieben ist, dann ist das Ding auch in sich selbst irrational. Was aber, wenn das Monster rational wäre? Wäre es dann nicht weitaus gefährlicher?

Gehen wir einmal davon aus, alles hätte seinen Sinn. Das heißt: Jedes Subjekt verfolgt seine Agenda folgerichtig, auch wenn sich die Agenda dem Leser nicht gleich erschließen sollte. Was sehen wir auf Basis dieser Prämisse, z.B. in dem Roman „Das Schloß"? Bleiben wir einmal, um zu sehen, was dabei herauskommt, ziemlich nahe beim Text.

Der erste interessante Punkt ist, wie das Thema anhebt. K. kommt zum Arbeiten ins Dorf und ins Wirtshaus, wo er für die Nacht erst mal Quartier nimmt. Ein Herr Schwarzer hält ihn irrtümlicherweise für einen Landstreicher und ruft im Schloss an, ob denn überhaupt ein Landvermesser angefordert wurde. Das wird schließlich bejaht. Bis hierher war alles nicht ungewöhnlich – eben die Geschichte eines Berufes mit Dienstreisen, wie es etwa Vertreter, Handelsreisende oder eben Landvermesser an sich haben. Aber nun folgt diese Passage:

„K. horchte auf. Das Schloß hatte ihn also zum Landvermesser ernannt. Das war einerseits ungünstig für ihn, denn es zeigte, daß man im Schloß alles Nötige über ihn wußte, die Kräfteverhältnisse abgewogen hatte und den Kampf lächelnd aufnahm. Es war aber andererseits auch günstig, denn es bewies, seiner Meinung nach, daß man ihn unterschätzte und daß er mehr Freiheit haben würde, als er hätte von vornherein hoffen dürfen. Und wenn man glaubte, durch diese geistig gewiß überlegene Anerkennung seiner Landvermesserschaft ihn dauernd in Schrecken halten zu können, so täuschte man sich; es überschauerte ihn leicht, das war aber alles."[33]

Aus dieser Passage kann unschwer gelesen werden, dass K. erst durch den nächtlichen Anruf den Landvermesser-Auftrag bekam, eigentlich nur deswegen, weil er so kühn war, sich als Landvermesser auszugeben und mit dieser Rolle hier aufzutauchen. Seine Kreativität, sich selbst ins Spiel zu bringen, macht sich bezahlt. Aber weshalb sieht sich K. bereits hier in einem unerklärten Kampf mit dem Schloss? Welche Agenda hat er wirklich? Nicht nur die Bürokratie des Schlosses, sondern auch er selbst, K., hat eine ganz andere Motivlage, als es das erste Anheben des Plots nahelegt, eine Agenda, deren voller Bedeutungsumfang noch im Dunkeln liegt. Wie bei einem Eisberg sieht man nur die Spitze, während sich der Großteil unerkannt und unerforscht unter der Wasseroberfläche befindet. Nun ist aber zumindest klar, dass auch Herr K. rätselhaft ist. Er ist nicht einfach ein normaler Typ, der zufällig in die Fänge der Bürokratie gerät. Wir müssen also auch die Frage nach K. stellen.

K. hat eine eigene Rolle, die sich nicht darin erschöpft, als Opfer des Schlosses die Bürokratie zu demaskieren. Weitaus stärker wird dieser Aspekt deutlich, wenn wir uns die ursprüngliche, von Kafka später gestrichene Anfangspassage, vornehmen.[34] Hier bekommt K., als er im Dorf ankommt, bereits ein geräumiges Zimmer gerichtet, das „Fürstenzimmer", er wurde vom Schloss bereits erwartet. Das alles ist K. nicht ganz geheuer und so sagt er zum Stubenmädchen:

„Elisabeth', sagte er, ‚hör mich genau an. Ich habe eine schwere Aufgabe vor mir und habe ihr mein ganzes Leben gewidmet."[35]

Die von Max Brod herausgegebene Fassung, die Kafkas nachträgliche Streichungen berücksichtigt, ist jedenfalls mehr im Sinne des Romanciers, der bei der Normalität des Arbeiters ansetzt, auch wenn sich diese später als unzutreffend herausstellen sollte.

Es handelt sich vielleicht doch nicht nur um einen äußeren Kampf, den das Individuum führt. Sondern auch um einen inneren Kampf. Nicht nur die Bürokratie als etwas dem Menschen Äußeres ist das Problem, sondern auch das Ich, das dem Äußeren gegenübersteht. Oder genauer gesagt: Die beiden Ebenen verschlingen sich miteinander. Werfen wir noch einmal einen Blick auf den Roman „Der Prozeß" und nehmen wir die Handlung einmal wörtlich. Bei der ersten Prozess-Verhandlung (zweites Kapitel gemäß der Zusammenstellung von Max Brod) wird nicht Josef K., der Prokurist, sondern ein Zimmermaler aufgerufen.[36] Vielleicht handelte es sich bei der Verhaftung K.s tatsächlich einfach nur um ein Missverständnis und nur dadurch, dass K. sich immer mehr in den Prozess hineinziehen lässt, wird er zum Prozessopfer. Er wird im Laufe des Prozesses demoralisiert und verliert deswegen letztendlich sein Leben. Und demoralisiert wird K., weil das Gegenüber die Spielregeln kennt und macht und diese Spielregeln nur stückweise preisgibt, sodass der Andere immer wieder das Gefühl vermittelt bekommt, sich in einer Sackgasse zu verlieren.

„Sie hetzen Dich."[37]

... sagt Leni zu K. ganz richtig. Genau wie in dem Zwillingsroman „Das Schloss" wird vom Protagonisten erzwungen, Öffentliches und Privates bis zur Unkenntlichkeit zu vermengen. „Im Dom" (Neuntes Kapitel / Der Prozeß) sagt der Geistliche zu K.:

„Du suchst zu viel fremde Hilfe (...) und besonders bei Frauen. Merkst Du denn nicht, dass es nicht die wahre Hilfe ist?"[38]

Die Hilfe, die K. bei Frauen sucht, sucht er nicht, weil etwa seine Anwälte zufällig auch weiblich wären. Sondern weil er Menschen, denen er als Privatperson nahe kam – und er kam Frauen aus erotischen Gründen näher als Männern – für seinen Prozess weiterverwenden möchte. K. verhält sich hier nach heutigen Maßstäben ziemlich unmöglich ... aber das ist nicht der Punkt. Die Logik des Konfliktes besteht darin, dass Privates für Öffentliches instrumentalisiert wird – K. geht intuitiv auf diese Vermengung ein, aber sein Gegenüber, die Bürokratie, verfolgt das Spiel der Vermengung ganz bewusst und, wie gesagt, bestimmt die Spielregeln des Kampfes. In „Das Schloß" wird dies von der Wirtin des Brückenhofes ganz offen und deutlich als bewusste Falle angesprochen.

Nicht nur das Intime, auch K.s sonstiges Zivilleben vermengt sich ständig mit dem Prozess, vor allem auch ab dem siebenten Kapitel sein Berufsleben in der Bank, in der er als erster Prokurist eine zwar gute, aber nicht völlig abgesicherte Stellung hat. Irgendwie hat auch die Geschäftsbank mit diesem unheimlichen geheimen Gericht zu tun; immerhin wird in der Bank eine Prügelstrafe des geheimen Gerichts exekutiert. Das ist alles sehr ungünstig, aber vor allem auch deshalb, weil der Protagonist es zulässt! Hätte Josef K. nach dem ersten Kapitel, der Verhaftung, nicht weiter auf den Prozess reagiert und diesen, wie es ja seine erste intuitive Reaktion war, nicht anerkannt … wer weiß, vielleicht hätte das Gericht stattdessen einen Zimmermaler verurteilt und Josef K. wäre noch immer in der Schoellerbank tätig …

Kurzum: Nicht nur das Äußere ist eine Gefahr, sondern auch das Innere, das das Äußere heranzieht, hereinlässt und mit sich kollidieren lässt. So auch in dem Roman „Das Schloß".

Es handelt sich bei den Interaktionen zwischen K. und dem Schloss auf mehr als 300 Seiten um einen Konflikt zwischen zwei ganz unterschiedlichen Systemen, so als würden zwei unterschiedliche Produktionsweisen miteinander Waren und Produkte austauschen, die eigentlich inkompatibel sind: Wenn etwa eine Planwirtschaft mit einer Warenwirtschaft Handel treibt, nach welchen Parametern? Nach jenen des Kapitalismus, also nach dem Wertgesetz, oder nach jenen des Sozialismus, also des Bruches mit dem Wertgesetz? Irgendeine Seite muss die Spielregeln für sich entscheiden.

Herr K. kommt als Lohnarbeiter in das Dorf. Für ihn würde es um folgende Punkte gehen: Arbeitserlaubnis (falls notwendig), Arbeitsbedingungen, das Arbeiten selbst, die Entlohnung und Abreise. Hier ist nicht der zentrale Punkt, dass der Landvermesser einen Auftrag wie ein Handwerker, also wie ein Kleinbürger, annimmt, sondern dass Gewerbefreiheit vorherrscht und der Arbeiter seine Ware Arbeitskraft verkaufen kann, also als Agent seines eigenen Wesens auftritt. Er ist in dieser sozialen Funktion als Lohnarbeiter verdoppelt: Einerseits geht es um die konkrete Tätigkeit, das Arbeiten; andererseits geht es um den Verkauf der Arbeitsfähigkeit, um dessen Verwertung. Diese Verdoppelung ist nicht Kafkas Erfindung, sondern realer Kapitalismus – bei Marx analysiert, bei

Kafka intuitiv in den Plot aufgenommen, als soziales Material belletristisch verarbeitet. So in „Das Schloss" ganz deutlich: K. möchte arbeiten und ist während der gesamten Handlung nur damit beschäftigt, seine Arbeitskraft zu verkaufen. Aber es kommt noch besser!

Das Schloss ist der einzige Unternehmer, dem er seine Arbeitskraft verkaufen kann. Er muss sich diesem ausliefern. Die Auslieferung an den Arbeitgeber findet in der Wirklichkeit ansonsten eher im Arbeitsprozess selbst statt. In „Das Schloß" ist die Auslieferung bereits dem Arbeitsprozess vorgelagert. Das ist einerseits bloß Teil der Erzählstruktur. Andererseits aber auch wiederum Teil dieses Inhaltes. Denn das Schloss ist nicht irgendein Arbeitgeber, sondern zugleich und in erster Linie das Schloss jenes Grafen, dem auch das gesamte Dorf gehört.

„Dieses Dorf ist Besitz des Schlosses, wer hier wohnt oder übernachtet, wohnt oder übernachtet gewissermaßen im Schloß. Niemand darf das ohne gräfliche Erlaubnis. Sie aber haben eine solche Erlaubnis nicht oder haben sie wenigstens nicht vorgezeigt."[39]

So sagt der Sohn des Unterkastellans zu K. und zwar bereits im dritten Absatz des gesamten Romans. Für uns wirkt dies märchenhaft, abstrus oder als erster Hinweis auf den gigantischen Machtmissbrauch der Schloss-Bürokratie. Aber ganz nüchtern gesehen, war hier Franz Kafka einfach nur historisch akkurat. Er beschreibt nämlich das Feudalverhältnis, das es ja tatsächlich gegeben hatte und erst durch das Kapitalverhältnis aufgelöst wurde. Der gesamte Konflikt zwischen K. und dem Schloss ist auch einer zwischen den bürgerlichen Produktionsverhältnissen, also ein bürgerliches Prinzip, das K. vertritt, und den feudalen Produktionsverhältnissen andererseits, also ein feudales Prinzip, das das Dorf und das Schloss vertreten. Auch die Beziehung zwischen Dorf und Schloss ist historisch richtig dargestellt: Das Schloss ist der Aneigner des dörflichen Mehrproduktes, beide Seiten gehören zu einem archaischen Produktionsverhältnis, dem – wie gesagt – K. als Vertreter eines modernen Produktionsverhältnisses fremd gegenübersteht.

Zwischen Bauern, Wirten, Lehrern, Boten, Dienern einerseits und dem Schloss andererseits besteht ein Abhängigkeitsverhältnis wie in einem Feudalverhältnis. K. macht sich darüber lustig, aus seiner Sicht ist dieses Abhängigkeitsverhältnis nicht real, sondern bloß eingebildet oder zumindest nur aus Tradition von einer Generation zur nächsten weitergegeben. Auch das ist, nebenbei bemerkt, historisch nicht ganz falsch: Die Feudalität benötigte tatsächlich eine die Tradition erhaltende Religion und nur in Sonderfällen auch das Schwert, um das agrarische Mehrprodukt einzufordern, sozusagen „einzufahren". Während der Arbeiter im Kapitalismus zwar sozial vom Kapital abhängig ist, aber als Person frei und somit über seine Arbeitskraft am Markt verfügen kann ... ist der Bauer im Feudalverhältnis unfrei, er kann nicht über sich selbst verfügen, er muss immer bei allem um Erlaubnis fragen, er kann nicht einfach das Dorf verlassen, er ist auch mit seinem Leib, selbst wenn dieser gerade nicht arbeitet, dem Herren verpflichtet. Deswegen übrigens ist auch ganz logisch, dass sich die Strafen im Feudalverhältnis immer auf den Leib beziehen, auf die Körperlichkeit. Die staatliche Folter dient hier nicht wie im Kapitalismus dazu, etwas von dem „Deliquenten" zu erreichen, etwa ihn psychisch zu brechen. Eine Strafe, die sich nicht auf den Leib bezog, war einfach nicht denkbar. So war es im wirklichen Leben und so wird es in dem Roman „Der Prozeß" ausgeführt, als zwei Gehilfen des Gerichtes ausgepeitscht werden. Auch hier geht niemand davon aus, dass die körperliche Strafe etwas bewirkt, es soll sie nur deswegen geben, weil alle Glieder des geheimen Gerichts zu einer feudalen Ordnung gehören und als Ganzes, als Person, mit Haut und Haaren der Behörde gehören. Und so nehmen es die Bestraften auch an und stellen diese Ordnung keineswegs in Frage. Dies wirkt auf uns nur deswegen so absurd, weil sich die Szene in einer Geschäftsbank abspielt. Ein Detail übrigens, das wiederum mit der für den Protagonisten unvorteilhaften Vermischung von Zivilem mit Öffentlichem zu tun hat.

Zuerst kommt das Öffentliche dem Zivilen ganz nahe, physisch nahe:

„Landvermesser¿ hörte er noch hinter seinem Rücken zögernd fragen, dann war allgemeine Stille. Aber der junge Mann faßte sich bald und sagte zum Wirt in einem Ton, der genug gedämpft war, um als Rücksichtnahme auf K.s Schlaf zu gelten, und laut genug, um ihm verständlich zu sein: ‚Ich werde telefonisch anfragen.' Wie, auch ein Telefon war in diesem Dorfwirtshaus? Man war vorzüglich eingerichtet. Im einzelnen überraschte es K., im ganzen hatte er es freilich erwartet. Es zeigte sich, daß das Telefon fast über seinem Kopf angebracht war, in seiner Verschlafenheit hatte er es übersehen."⁴⁰

Körperliche Nähe und physische Gewalt – wie im dritten Kapitel des Romans „Amerika" – aber auch Sex und Liebe: Den Protagonisten fliegt das Körperliche zu, ohne dass sie sich darum bemühen. Kafkas Protagonisten haben daher auch keinerlei Kontrolle über das eigene Intime, ein Bereich, wo jeder auch verletzlich ist. Kafkas Figuren können sich nicht abgrenzen und das nutzt den Gegnern. Vermutlich kann man sogar sagen: Ohne das Ringen mit dem Schloss und ohne den Kampf gegen das geheime Gericht würde es auch zu den intimen Begegnungen nicht kommen und die K.s hätten sich weder Frieda (in „Das Schloß") noch Fräulein Bürstner bzw. Leni (in „Der Prozeß") genähert. Daran sind zwei Dinge bemerkenswert: Zum einen wird die erotische Spannung gerade dadurch aufgebaut, dass die Personen, die Zärtlichkeiten austauschen, eigentlich Fremde sind und Fremde bleiben. Zweitens verschieben Sex, Liebe und Intimität das Geschehen des Kampfes um die Arbeitserlaubnis („Das Schloß") und um bürgerliche Freiheit und Gleichheit („Der Prozeß") auf eine persönliche Ebene. Auf dieser Ebene wird K. vorübergehend gestärkt, aber nur, um nicht zu merken, dass er damit auf der sachlichen Ebene, die allein sein Atout wäre, geschwächt wird.

„Aber K. erhob sich, kniete neben Frieda und blickte sich im trüben Vormorgenlicht um. Was war geschehen? Wo waren seine Hoffnungen? Was konnte er nun von Frieda erwarten, da alles verraten war? Statt vorsichtigst, entsprechend der Größe des Feindes und des Zieles, vorwärtszugehen, hatte er sich hier eine Nacht lang in den Bierpfützen gewälzt, deren Geruch jetzt betäubend war. ,Was hast du getan?' sagte er vor sich hin. ,Wir beide sind verloren.'"[41]

Diese Vermengung der persönlichen, privaten mit der amtlichen, offiziellen Ebene entspricht dem feudalen Prinzip. Das Feudalsystem verwertet die Mehrwertproduzenten als ganze Person, nicht nur ihre Arbeitsfähigkeit. Die Vermengung entspricht daher den Spielregeln des Schlosses und gereicht dem bürgerlichen Prinzip keineswegs zum Vorteil, sich gegen das feudale Prinzip durchzusetzen. K. raubt diese Vermengung Kraft und er wird dadurch immer wieder in die Irre geführt. Der Gemeindevorsteher macht deutlich, dass das, was K. im Briefe des Schloss-Beamten Klamm als amtlich nahm, nur persönlich gemeint war:

„Dieser Brief ist überhaupt keine amtliche Zuschrift, sondern ein Privatbrief. Das ist schon an der Überschrift: Sehr geehrter Herr! deutlich erkennbar. Außerdem ist darin mit keinem Worte gesagt, daß Sie als Landvermesser aufgenommen sind, es ist vielmehr nur im allgemeinen von herrschaftlichen Diensten die Rede, und auch das ist nicht bindend ausgesprochen, sondern Sie sind nur aufgenommen wie Sie wissen, das heißt, die Beweislast dafür, daß Sie aufgenommen sind, ist Ihnen auferlegt. (...) Im ganzen bedeutet der Brief nichts anderes, als daß Klamm persönlich sich um Sie zu kümmern beabsichtigt für den Fall, daß Sie in herrschaftliche Dienste aufgenommen werden. (...) Ein Privatbrief Klamms hat natürlich viel mehr Bedeutung als eine amtliche Zuschrift; nur gerade die Bedeutung, die Sie ihm beilegen, hat er nicht."[42]

Das feudale Prinzip macht die persönliche Bindung zur Voraussetzung der gesellschaftlichen Reproduktion. Persönliche Bildung bedeutet keineswegs das Eingehen oder das Gewähren von Individualität. Ganz im Gegenteil. Individualität ist das Produkt der Warengesellschaft, des Kapitalismus. Bei Karl Marx lässt es sich im Detail nachlesen: Erst die Anonymität der Waren, ihre Gleichsetzung über den Tauschwert, provoziert das Bedürfnis nach Individualität, die die Menschen in der vorindustriellen Gesellschaft („die Alten") gar nicht nötig hatten. Und umgekehrt: Erst der aller persönlichen Verpflichtungen ledige Lohnarbeiter ist in der Lage, seine eigene Arbeitskraft am Markt anzubieten. Er tritt dabei als freier Mensch auf, der etwas zu verkaufen hat. Auch das macht ihn zum Individuum. Die Alten hingegen konnten sich nicht frei bewegen, sie waren aber andererseits in einem Netz an persönlichen Verbindungen verankert, hatten Rückhalt und gaben Rückhalt. Sie treten bei Kafka folgerichtig nicht als Individuen auf, sondern als Masken, als Angehörige eines anderen Prinzips.

Dazwischen gibt es eine Schicht von Personen, wie etwa die Familie Barnabas in „Das Schloß", die zwar aus den alten Feudalverhältnissen abstammen, sich von diesen aber bereits wenigstens zum Teil getrennt haben und folgerichtig K. offener begegnen. Sie tragen beides in sich: die Maske und die Individualität – aber beides viel geringer ausgeprägt als bei den Alten einerseits und beim Lohnarbeiter andererseits. Die Familie Barnabas hat ein Tabu gebrochen, nämlich die sexuelle Verfügbarkeit der Dorfbewohner für die Beamten des Schlosses. Der Tabubruch führt zur Isolation und Stigmatisierung der Familie Barnabas. Bezeichnenderweise werden die Barnabasse vom Dorf mehr gehasst als vom Schloss.

Kehren wir nun zurück zu den beiden gegensätzlichen Prinzipien. Bei den Gesprächen K.s mit der Wirtin des Brückenwirts im vierten und im sechsten Kapitel werden die unterschiedlichen Prinzipien formuliert. Das Feudalverhältnis, das die Wirtin verteidigt, kennt nur den vorgegebenen Weg, gleichsam die Spur, die die Geschichte in den Gehirnen der Menschen gezogen hat, auch wenn es dazu unter den Menschen unterschiedliche Auffassungen gibt: Die Wirtin bewertet einiges anders als der Gemeindevorsteher und der Lehrer wiederum anders als diese beiden und so weiter. K., der hier auf keine eingeübten Verhältnisse des Kapitalismus hoffen kann, antwortet seinerseits mit Unberechenbarkeit. Diese Unberechenbarkeit speist sich aus zwei Quellen: erstens der Unwissenheit, die auch bedeutet, nicht unter der Last der Vergangenheit zu stehen; zweitens der emotionalen Spontanität. Beides Eigenschaften, die den Leibeigenen nicht zugestanden werden, dem bürgerlichen Individuum aber sehr wohl.

„Freilich, unwissend bin ich, die Wahrheit bleibt jedenfalls bestehen, und das ist sehr traurig für mich; aber es hat doch auch den Vorteil, daß der Unwissende mehr wagt, und deshalb will ich die Unwissenheit und ihre gewiß schlimmen Folgen gerne noch ein Weilchen tragen, solange die Kräfte reichen."[43]

K. ging zuerst als freier Arbeiter an die Sache heran:

„‚Ich kenne den Grafen noch nicht', sagte K., ‚er soll gute Arbeit gut bezahlen, ist das wahr? Wenn man, wie ich, so weit von Frau und Kind reist, dann will man auch etwas heimbringen.'

‚In dieser Hinsicht muß sich der Herr keine Sorge machen, über schlechte Bezahlung hört man keine Klage.' - ‚Nun', sagte K., ‚ich gehöre ja nicht zu den Schüchternen und kann auch einem Grafen meine Meinung sagen, aber in Frieden mit den Herren fertig zu werden ist natürlich weit besser.'"[44]

Aber um überhaupt an die Arbeit zu gelangen, musste K. sich die Arbeit verhandeln. Um überhaupt erstmal verhandeln zu können, musste K. die Spielregeln des Feudalismus nach und nach akzeptieren. Um sie akzeptieren zu können – was K. nicht leicht fiel – musste er sie zuerst einmal verinnerlichen. Indem er die Spielregeln des Feudalismus aber verinnerlicht, hat K. das bürgerliche Prinzip bereits aufgegeben und verliert „seinen Kampf".

Seine Ansprüche werden immer bescheidener. Selbst mit einem Kastellan auch nur zu reden, erweist sich bald als unmöglich, von einer Verhandlung mit dem Grafen selbst, auf Seite 11 noch angesprochen, gar nicht zu reden! Die ganze Zeit über arbeitet K. nichts, auch die Anstellung als Schulwart bedeutet im Endeffekt ja eher, dass er mit seinen Gehilfen der Schule zusätzliche Arbeit macht. Als in einem Brief der Schloss-Beamte Klamm K. für dessen vorzügliche Arbeit als Landvermesser dankt, schmerzt dies den Empfänger des Schreibens umso mehr, als nicht ein Handgriff in Sachen Landvermessung gemacht wurde. Ja, dies alleine schon deswegen unmöglich gemacht wurde, als das Schloss die alten Gehilfen K.s , die mit den für die Landvermessung notwendigen Apparaten ins Dorf nachkommen sollten, durch neue ersetzt hatte, die zuerst als die alten ausgegeben wurden, aber von nichts etwas verstehen. Es ist also ganz so, als ob das Schloss K. glauben machen ließe, es gäbe für ihn ja Arbeit, dieselbe aber gleichzeitig mit allem Tricks und Finten verunmöglichte. Für uns unglaublich, aber wahr: K. kann, obwohl er nichts arbeitet die ganze Zeit über essen, trinken und wohnen. Die persönliche Bindung an das unpersönliche Schloss ist gewichtiger als die unpersönliche Arbeit eines echten Individuums. Genau diese Konstellation entspricht dem echten historischen Konflikt zwischen Feudalverhältnis und Kapitalverhältnis. In Kafkas „Das Schloß" setzt sich bei diesem Konflikt das feudale Prinzip durch. In der Historie schließlich das bürgerliche.

Übrigens, die Gehilfen! Die Tatsache, dass K. auf die Ersetzung der richtigen Arbeiter durch Lakaien des Schlosses eingeht, zeigt auch bereits hier, dass er die für ihn ungünstigen Spielregeln akzeptieren muss. Der Dialog ist allerdings kurios, denn K. weiß von dem Betrug, lässt sich aber auf das Spiel ein: „Wer seid ihr?' fragte er und sah vom einen zum anderen. ,Euere Gehilfen', antworteten sie. ,Es sind die Gehilfen', bestätigte leise der Wirt. ,Wie?' fragte K. ,Ihr seid meine alten Gehilfen, die ich nachkommen ließ, die ich erwarte?' Sie bejahten es. ,Das ist gut', sagte K. nach einem Weilchen, ,es ist gut, daß ihr gekommen seid.' - ,Übrigens', sagte K. nach einem weiteren Weilchen, ,ihr habt euch sehr verspätet, ihr seid sehr nachlässig.' ,Es war ein weiter Weg', sagte der eine. ,Ein weiter Weg', wiederholte K., ,aber ich habe euch getroffen, wie ihr vom Schlosse kamt.' - ,Ja' sagten sie, ohne weitere Erklärung. ,Wo habt ihr die Apparate?' fragte K. ,Wir haben keine', sagten sie. ,Die Apparate, die ich euch anvertraut habe', sagte K. ,Wir haben keine', wiederholten sie. ,Ach, seid ihr Leute!' sagte K., ,versteht ihr etwas von Landvermessung?' - ,Nein', sagten sie. ,Wenn ihr aber meine alten Gehilfen seid, müßt ihr doch das verstehen', sagte K. und schob sie vor sich ins Haus."[45]

„Die Gehilfen" sind eine belletristische Meisterzeichnung Kafkas. Unser Empfinden bei dem Kontakt mit dem Begriff „Gehilfen" wird wohl für immer mit dem Roman „Das Schloß" verbunden sein. Die Gehilfen zeigen übrigens das Feudalverhältnis deutlich an: Sie müssen Tag und Nacht ihre Pflicht erfüllen, Privatleben und Dienst verschmelzen ineinander. Ihre Pflicht stellt aber keine konkrete Arbeitsleistung dar, deswegen müssen sie auch keine Ausbildung haben, es genügt, dass sie dem Schloss ergeben sind. K. hingegen steht für das kapitalistische Arbeitsverhältnis, für eine bestimmte Arbeitsqualifikation und einen limitierten und vertraglich fixierten Arbeitseinsatz. Er gerät deswegen in einen nicht enden wollenden Konflikt mit dem Schloss als potentiellen Arbeitgeber wie auch mit den Gehilfen als potentielle Arbeitnehmer. Dass der Dienst im Auftrag des Schlosses keine Trennung zwischen Privat- und Arbeitsleben mit sich bringen kann, führt (auf mehr als 10 Seiten Text) der Schloss-Sekretär Bürgel in seinem Monolog gegenüber dem schlaftrunkenen K. in allen Details aus. Bürgel sieht in den halbprivaten Nachtverhandlungen sogar eine Gefahr für die Behörde, die die Klienten aus dem Dorf ausnützen könnten, es aber nicht tun.[46] In Wirklichkeit ist es genau umgekehrt und K. ist, als er endlich von dem für ihn zuständigen Schloss-Sekretär Erlanger empfangen wird, völlig übermüdet und apathisch. Die Verschmelzung von privater und öffentlicher Sphäre nützt nur der Gegenseite, dem feudalen Prinzip.

Auch in einem anderen Detail ist Kafka, vielleicht intuitiv, fast schon historisch akkurat. Im Grunde hat das Dorf, also die Bevölkerung der feudalen Produktionsweise, ihre eigene Unterordnung so stark verinnerlicht, dass diese Eigenschaft zu einer Art kollektiven „Über-Ichs" angewachsen ist. Das hat zur Folge, dass das Schloss aus administrativer Sicht bereits überflüssig wurde. Eigentlich macht die Behörde, das Schloss, nichts Konkretes. Da es grundsätzlich für alles zuständig ist, ist es wiederum für nichts wirklich zuständig und die eigentliche Verwaltung des Dorfes findet im Herrenhof, einem der beiden Gasthäuser im Dorf, statt. Die Sekretäre, die die Verbindung zwischen den Schloss-Beamten und dem Dorf herstellen sollen, sind die eigentlichen Herren, die Vermittlung wird zum Dasein dessen, was vermittelt werden sollte.

„So in der religiösen Sphäre Christus der Mittler zwischen Gott und den Menschen – bloßes Zirkulationsinstrument zwischen beiden – wird ihre Einheit, Gottmensch, und wird als solcher wichtiger denn Gott; die Heiligen wichtiger als Christus; die Pfaffen wichtiger als die Heiligen."[47]

Aber bekommt K. nicht tatsächlich Briefe vom Schloss und wird er nicht zur Vernehmung vorgeladen? Ja, aber die Briefe Klamms erweisen sich als völlig irrelevant. K. bekommt, obwohl er darin als Landvermesser in den Schlossdienst aufgenommen wurde, keine Arbeit und keine sichere Stellung. Und als der Sekretär Erlanger K. anweist, seine Beziehung zu Frieda zu lösen, damit diese zu Klamm zurückkehren könne, ist diese Anweisung in zweifacher Hinsicht substanzlos: Erstens hatte sich Frieda bereits von K. getrennt, zweitens ist es so gut wie sicher, wie Sekretär Erlanger ausführt, dass das alles Klamm völlig egal ist:

„Nun ist diese Veränderung natürlich belanglos, wahrscheinlich für jeden, und für Klamm ganz gewiss."[48]

Das Feudalverhältnis zeigt sich schließlich auch darin, dass soziale Leistungen und politische Rechte voneinander getrennt sind. K. verliert gegenüber dem Schloss immer mehr an (eingebildeten) Rechten, bekommt im Gegenzug aber freie Kost und Logis für das Nichtarbeiten. Das erfolgt auch in der sozialen Wirklichkeit aus einer Art grundsätzlicher patriarchaler Obsorge des Herren über sein Gefolge. Von dieser Obsorge blieb mit dem Siegeszug des Kapitalismus im 19. Jahrhundert nicht mehr viel übrig:

„Der Dienstgeber hat die Dienstleistungen so zu regeln und bezüglich der von ihm beizustellenden oder beigestellten Räume und Gerätschaften auf seine Kosten dafür zu sorgen, daß Leben und Gesundheit des Dienstnehmers, soweit es nach der Natur der Dienstleistung möglich ist, geschützt werden."[49]

Diese „Fürsorgepflicht des Dienstgebers" wurde zwar in den meisten Ländern unter dem Druck der Arbeiterbewegung zu einer Arbeitsschutzgesetzgebung konkretisiert, aber die Fürsorgepflicht endet der Logik nach am Werkstor. Mehr, auch das, wie es im ABGB heißt, sittliche Wohlergehen, bleibt eine theoretische Übung und hat in der tagtäglichen Wirklichkeit kaum eine Bedeutung – es würde dem uneingeschränkten Kommando des Kapitals über die Mehrwertproduktion im Wege stehen. Im direkten Produktionsprozess wird die Arbeit verwertet, nicht der Arbeiter als Individuum gewürdigt. Hingegen ist es im Produktionsverhältnis wiederum anders: Hier ist der Arbeiter Individuum und der Unternehmer kauft dessen Ware. Dieser Verkauf wurde ebenfalls in einen Gesetzestext gegossen, in die liberale Gewerbeordnung von 1859 und dieses Reglement des hiring and firing stellt den Handel wie jeden anderen Handel frei.

„Wenn über die Zeit der Entlohnung des Hilfsarbeiters, und über die Kündigungsfrist nicht Anderes vereinbart ist, wird die Bedingung wöchentlicher Entlohnung und eine 14tägige Kündigungsfrist vorausgesetzt. Doch sind Hilfsarbeiter, welche nach dem Stücke entlohnt werden oder im Accord arbeiten, erst dann auszutreten berechtigt, wenn sie die übernommene Arbeit ordnungsmäßig beendet haben."[50]

Die Gewerbeordnung von 1859 war weitaus wirkmächtiger als die Fürsorgepflicht im ABGB von 1811. Im Feudalverhältnis ist es genau umgekehrt: Der Produzent ist unfrei, seine Arbeitskraft zu verkaufen, er ist daher nicht vertragsmächtig gegenüber dem Feudalherren. Dafür wird er nicht nur im Produktionsprozess als schützenswert angesehen, sondern als ganze, unteilbare Person.

Unser Punkt ist nun keineswegs, dass Franz Kafka im Rahmen seiner beruflichen Tätigkeit, etwa in der Arbeiter-Unfallversicherungs-Anstalt, mit diesen oder ähnlichen Gesetzen in Kontakt kam, wiewohl wir davon ausgehen könnten. Auch wenn Kafka einen anderen Brotberuf ergriffen hätte, gäbe es wohl in diesem Werk jene hier nachgezeichnete Struktur, die in Wirklichkeit auf einen echten, historischen sozialen Wandel zurückgeht, dem unter anderem auch die Gesetzestexte von 1811 und 1859 entsprechen. Das Grundlegende ist der ökonomische Wandel der feudalen zur bürgerlichen Produktionsweise. Das Abgeleitete sind die Texte, die diesen Wandel auf den Begriff bringen. Ein Wandel, der die europäische Geschichte mehrere Jahrhunderte hindurch zum Inhalt hatte, von den Rosenkriegen in England, der Reformation, den bürgerlichen Revolutionen des 17., 18. und 19. Jahrhunderts und den napoleonischen Kriegen bis hin zu der Industrialisierung. Wie aber auch sonst in der Geschichte bedeutet ein Wandel nicht, dass das Alte völlig ausgelöscht ist und das Neue von einem Schlag an gelte. Vielmehr übernahm das Neue Teile des Alten und formte diese zu ihrem Zwecke und nach ihrem Muster um.

Auch die Tatsache, dass die Fürsorgepflicht des Arbeitgebers überhaupt Eingang in die bürgerliche Legislative fand, mag der Tatsache geschuldet sein, dass sich in unseren Sitten noch Spurenelemente der alten, längst verblichenen Zeit finden und zu Franz Kafkas Lebzeiten (1883–1924) waren diese Elemente überhaupt noch wesentlich stärker. Kafkas literarische Entstehung wäre in den damals fortschrittlicheren kapitalistischen Ländern wie den USA, dem Rheinland, Norditalien, England, Schottland, Nord- und Ostfrankreich nicht ganz leicht vorstellbar. Sie konnte wohl nur unter Verhältnissen gedeihen, in denen sich die neue Zeit mit der alten berührte. Nur hier ist das Neue noch nicht unkenntlich normal. Das alles bedeutet nicht, dass Kafkas Werk nicht Weltliteratur wäre. Es bedeutet nur, dass der Autor das Material für die Struktur in seinem OEuvre an einem bestimmten Ort und in einer bestimmten Zeit in dieser Prägnanz vorfinden konnte.

Nun ist der Widerspruch zwischen den feudalen und den bürgerlichen Produktionsverhältnissen im Schreiben Kafkas nicht das Leitthema. Es ist nur der Subtext, wenn wir bewusst danach suchen. Der vorderhand verwirrende Umstand ist ja bloß, dass in dem Roman „Das Schloß" die allgemeine Struktur gleichzeitig das Thema ist. Aber die Struktur selbst findet sich in allen Romanen Kafkas Die Struktur hat weder mit dem Motiv, dem „Programm" des Autors zu tun, noch mit dem, was wir Kunst-Konsumenten als Inhalt wahrnehmen. Die Struktur ist vielmehr das materielle Substrat, das der Autor mitverarbeitet. In diesem Falle gibt das feudale Prinzip viel her, es ist eine fruchtbare Sache, weil sich sowohl in unserer Persönlichkeitsbildung, unserem Familienleben, unserem Erwachsenwerden und in unserem Arbeitsleben Elemente dessen wiederfinden. Es geht zumindest als kleinster gemeinsamer Nenner immer um eines: Eine fremde Autorität findet Zugang zu unserem Inneren. Es geht immer um Äußeres und Inneres.

In dem äußeren historischen Gegensatz zwischen feudalem und bürgerlichem Prinzip spiegelt sich ein innerer, zwischen dem Persönlichen und dem Individuellen. In unserer Alltagssprache machen wir zwischen beiden nicht viel Unterschied, beziehen sich doch beide auf einen einzelnen Menschen. Aber das Persönliche und das Individuelle sind nicht Eigenschaften eines Menschen, sondern Eigenschaften eines Menschen zu anderen Menschen bzw. eines Menschen zur Gesellschaft. Kurzum: Es handelt sich um ein Verhältnis. Das Persönliche nimmt den Menschen als Ganzes, als Qualität. Aber das bedeutet vice versa auch für jenen Menschen, dass er Souveränität verliert;

er wird genommen. Das Individuelle bedeutet hingegen, dass dieser Mensch noch etwas gegenüber der Gesellschaft verhandeln kann, es bedeutet Abgrenzung. Außerhalb dieser Abgrenzungen ist der Mensch zwar nur Tauschwert, eine Nummer. Das wiederum ist beim persönlichen Verhältnis nicht der Fall, hier bleibt nichts außen vor. In dem zentralen 15. Kapitel des Romans „Das Schloß" sagt es der Protagonist K. gegenüber der Dorffamilie frei heraus:

„Die Ehrfurcht vor der Behörde ist euch hier eingeboren, wird euch weiter während des ganzen Lebens auf die verschiedensten Arten und von allen Seiten eingeflößt, und ihr selbst helft dabei mit, wie ihr nur könnt."[51]

Hier spricht K. das Persönliche im Produktionsverhältnis an, während er selbst den Gegensatz dazu, das Individuelle, vertritt:

„Doch sage ich im Grunde nichts dagegen; wenn eine Behörde gut ist, warum sollte man vor ihr nicht Ehrfurcht haben."[52]

Es geht offensichtlich nicht darum, ob die Behörde / das Schloss / die Bürokratie gut oder schlecht sei. Es geht – und das hat Franz Kafka scharf beobachtet – um das Verhältnis. Das Verhältnis, das die Menschen etwa zur Behörde haben. Die erstere Passage kennzeichnet das feudale Verhältnis, die letztere das bürgerliche. Nun ist es möglich, den Gegensatz zwischen Persönlichem und Individuellem in allen Werken Kafkas wiederzufinden, etwa auch in der berühmten Erzählung „Die Verwandlung": Hier dient das phantastisch-alptraumhafte Element, das der Leser zuerst wahrnimmt, nur dazu, den Konflikt zwischen dem Persönlichen (die Familie) und dem Individuellen (Gregors neue Unmöglichkeit, weiter lohnzuarbeiten), aufzurollen. In dem Roman „Der Prozeß" ist das persönliche Verhältnis ganz deutlich der undurchschaubare Justizapparat, der den Angeklagten als Ganzes, als Person veranschlagt und trotz verzweifelter Versuche Josef K.s, dies zu verhindern, diesem immer weniger Souveränität übriglässt. Etwas verhandeln zu können ist indes das Bestimmende des bürgerlichen Individuums. Ein persönliches Verhältnis bedeutet nicht, dass das dominante Element darin als Person vorkommt. Das Schloss als Institution wirkt unpersönlich, die Bürokratie erst recht. Aber das dominante Element nimmt das ihm untergeordnete als Person.

In dem Roman „Das Schloß" ist die zentrale Passage das lange und in Abschnitte unterteilte 15. Kapitel. Hier spricht sich K. mit den Schwestern Amalia und Olga seines Boten zum Schloss, Barnabas, aus. Die Familie des Barnabas ist als einzige im Dorf verfemt. Das hat einen Grund: Amalia erregte vor drei Jahren bei einem Dorffest die Aufmerksamkeit des Schloss-Beamten Sortini. Er befahl ihr in einem unverschämten Brief sofort zu ihm zu kommen, um ihm als seine Mätresse zu dienen. Amalia tat etwas, was niemand sonst im Dorf gewagt hätte: Sie zerriss den Brief und warf dem Boten die Papierfetzen ins Gesicht. Die Aggression des Dorfes gegen diesen Bruch wurde von den Eltern Amalias verinnerlicht: Sie alterten binnen kürzester Zeit. Amalia brach mit der totalen persönlichen Vereinnahmung des Schlosses und verteidigte ihre Individualität. Oder besser gesagt: Sie setzte damit die Individualität überhaupt erst ins Leben. Sie brachte ein gänzlich neues Element der sozialen Beziehung in die Gesellschaft ein, eines, mit dem selbst ihre Schwester Olga nicht ganz mit kann, aber das genau jenes ist, das K. für sich gegen das Schloss verteidigt. K. und die Barnabas-Schwestern sprechen eine Sprache. K. kommt von außen, von einer moderneren Welt der Warenwirtschaft, die Schwestern Barnabas haben dies ein Stück weit vorweggenommen und die Prinzipien der bürgerlichen Gesellschaft gegen das Feudale aufleuchten lassen.

In allen Werken von Franz Kafka ist der Konflikt so gelagert, dass der Protagonist seine Individualität gegenüber dem persönlichen Übergriff verteidigen will und damit scheitert. Er muss diese Auseinandersetzung aber mit den Waffen des Persönlichen tun, das ist sein strategischer Nachteil. Diese Konstellation können wir übrigens auch etwa in der Belletristik Ingeborg Bachmanns erkennen. Andersherum formuliert: Kafka kann als Beschreibung eines inneren, psychischen Konfliktes wie auch eines äußeren, gesellschaftlichen Konflikts gelesen werden. Das eine ist nicht weniger wert als das andere. Das ist kein Gegensatz oder Widerspruch. Das eine zeigt sich in dem anderen. Ist es nun falsch, Kafka nicht als schauriges Erlebnis mit der Bürokratie zu lesen? Also nur als inneren Kampf? Nein. Und impliziert dies eine Kritik am Kapitalismus oder am Stalinismus? Auch diese Frage ist zu pragmatisch gestellt.

Nicht Kafka hat die Kritik an der Bürokratie erfunden, aber wir erfahren in unserem Sein immer auch etwas von dem, was Kafka verwendet und dichterisch verarbeitet hatte. Also, um es auf den Begriff zu bringen: Entfremdung, Unterdrückung, Verhärtung. Diese Elemente sind nun aber tatsächlich als Auswirkung einer bürokratischen Herrschaft deutlich wahrnehmbar. Vermutlich, weil uns die Bürokratie weitaus unnötiger und aufgezwungener erscheint als die Bourgeoisie, die wenigstens eine wirtschaftlich aktive Rolle einnimmt. Auch ist die Bürokratie nicht nur in den „realsozialistischen" Ländern allgegenwärtig gewesen, wenngleich sie es dort seit Stalins Aufstieg – übrigens zufälligerweise ab Kafkas Todesjahr – zu einer herrschenden Kaste brachte. Die Bürokratie hat im „Realsozialismus" bloß den vakanten Platz der enteigneten Bourgeoisie eingenommen und damit in unseren Augen die Frage nach ihrer eigenen Legitimität auf die Spitze getrieben. Aber bürokratische Strukturen gab es und gibt es auch jenseits der degenerierten Arbeiterstaaten. Ihre Existenz ist dann bloß weniger sichtbar, da die Büro-kratie hier zu den subalternen Dienern der jeweils herrschen-den Klassen gehört. Weder die Feudalgesellschaft noch der Ka-pitalismus kommen ohne sie aus. Sie ist das dunkle Blut al-les Unfertigen und Unfreien und sie ist überall anzutreffen, wo Menschen von anderen Menschen zum Objekt gemacht werden.

Franz Kafkas Welt ist unsere Welt.

Amerika vs. América

Franz Kafkas Roman „Amerika" spielt in den USA und diese Tatsache ist zugleich Inhalt. Aber sie ist nicht das eigentliche Material, das dieses Stück Belletristik als Kunst verarbeitet. Der Ort als Typus des Fremden und des Anderen ist allerdings nicht unwichtig. In dem Roman „Das Schloß" kommt der Protagonist in ein fremdes Dorf – wenngleich vermutlich nicht in ein anderes Land, zumindest wird dies nicht thematisiert. In dem Roman „Der Prozeß" bewegen wir uns in der Stadt und nicht etwa auf dem Lande. Die Stadt und diese Stadt ist dem Prokuristen Josef K. völlig vertraut, das Fremde begegnet uns in gesonderten und abgesonderten Plätzen, Dachböden und Hinterzimmern, die plötzlich eine Funktion des geheimen Gerichts erfüllen und an denen Josef K. bisher ahnungslos vorbeigegangen war. In Amerika ist der Ort ein ganzes fremdes Land, das der Protagonist Karl Roßmann erst kennenlernt. Dennoch erscheint es uns weit weniger fremd als das Dorf in „Das Schloß" oder die Dachböden in „Der Prozeß". Es ist so, wie es eine Reisejournalistik schildern könnte. Offensichtlich ist die fremde Macht, die dem Individuum als Anspruch auf dessen ganze Person gegenübersteht, im Roman „Amerika" weniger leicht sichtbar oder, umgekehrt, besser maskiert.

Die örtliche Dimension ist hier überall als „Raum" im Sinne der Sozialgeographie zu verstehen.[53] Auch wenn Amerika aus der Sicht des Europäers der 1920er Jahre als unendlich weit erscheint und alles viel größer, großzügiger und großartiger organisiert ist – nämlich auch das Elend, die Unterdrückung und die Ausbeutung – so ist auch hier wie in allen Romanen von Kafka der „soziale Raum" sehr reglementiert, es gibt eine stark ausgeprägte Rangordnung und Hierarchie, trotz der vielen Quadratmeter leerer Fläche. Auch hier ist die Enge des „sozialen Raums" ein Mittel des Terrors gegenüber dem Individuum. In einem weiten Land wäre ohne soziale Prägung genug Platz für unzählige Individuen. Sie könnten sich frei, im Sinne von ungehindert bewegen. Das können sie aber nicht. Sie müssen ständig ausweichen, stehen ständig vor einem Zaun oder einer verschlossenen Türe, müssen Wege wählen, um von der Polizei nicht angesprochen zu werden, müssen eine Betriebsstätte verlassen, dürfen eine Betriebsstätte nicht verlassen, müssen einen Platz zum Schlafen suchen, finden keinen Platz zum Schlafen, ohne sich wieder in Abhängigkeiten von anderen zu begeben. Franz Kafkas Roman „Amerika" ist nicht das Buch über die unendlichen Möglichkeiten in einem zumindest für Europäer unendlichen Raum. Ganz im Gegenteil, „Amerika" ist das Buch zu dem Thema, nicht den eigenen Platz finden zu können. Und zwar nicht deswegen, weil man sich zu wenig bemüht, den eigenen Platz zu finden, sondern deswegen, weil schon andere den Platz besetzt haben.

Anders, nämlich weniger als Material als vielmehr als Thema ist dieser Punkt in einem zeitgenössischen Roman aufgearbeitet. Nämlich in „América" von T.C. Boyle.[54] Die schwangere América folgt ihrem Mann Cándido von Mexiko über die Grenze in die USA, um dort ihren Lebensunterhalt zu verdienen. Legal dürfen sie hier nicht arbeiten und sie können sich nicht frei bewegen, sie „wohnen" im Freien, dennoch räumlich bedrängt, und am Arbeitsstrich in harter Konkurrenz mit anderen Arbeitsuchenden. Wir erinnern uns hier kurz, dass auch Kafkas Figur Karl Roßmann keine Papiere hat, die er der Polizei vorweisen kann. Eine Arbeit zu finden ist so keine leichte

Sache, man gerät in Abhängigkeit von informellen Strukturen – auch das ist ein Thema in „Amerika" wie in „América". Die andere Ebene der Handlung in „América" ist das gut ausgebildete Paar Delaney und Kyra, die in einer teuren, grenznahen Bungalow-Siedlung leben. Kyra ist Maklerin und Delaney schreibt von zu Hause aus für eine Naturzeitschrift. Die Wege der beiden ungleichen Paare kreuzen sich ungeplant und unfreiwillig, als Delaney Cándido mit dem Auto anfährt und für einige Zeit arbeitsunfähig macht. Zuerst ist vor allem Delaney kein Freund der biederen Rassisten unter seinen Bungalow-Nachbarn, die auf einer Eigentümer-Versammlung beschließen, eine hohe Mauer um die Siedlung mit einem Schranken und einem eigenen Wachmann zu errichten, um die „illegalen Mexikaner" fernzuhalten. Aber Delaneys Liebes-Beziehung zu Kyra ist fragil wie Glas, vor allem, nachdem Hyänen, die in der nahen weg- und menschenleeren Wildnis zu Hause sind, die beiden Hunde Kyras als Fressbeute fassen. Nun wird Delaney auch ein Anhänger der Mauer und steigert sich in einen Hass auf Menschen wie Cándido hinein, die so im Dickicht „wohnen", dass sie einen Waldbrand auslösen, der auch die Bungalow-Siedlung, also das soziale Habitat Delaneys, bedroht. Delaney plant, Cándido zu erschießen. Übrigens meisterhaft hat Boyle in dem Roman skizziert, wie leicht der Humanist vom rassistischen Wahn angesteckt wird, während die kühle Kyra „bloß" pragmatische Motive hat, bei den Behörden ein Einschreiten gegen den Arbeitsstrich durchzusetzen, da der Anblick der armen Teufel auf der Zufahrtsstraße zu ihren Top-Immobilienobjekten die Kunden irritieren könnte. Kurzum: Auch hier ist der Raum weit, Arbeit genug vorhanden, aber der „soziale Raum" überlagert restriktiv jeden freien Platz.

„Amerika" und „América" haben hier durchaus Überschneidungen. Aber, wie gesagt, auch Unterschiede: „América" macht

zum Inhalt, was in „Amerika" Material ist. So gesehen könnten wir auch das Letztere als Buch über das Erstere lesen. Offensichtlich kann und konnte man „Amerika" von Franz Kafka
aber auch ganz anders lesen. Wenden wir uns kurz Max Brods
Interpretation zu:

> „Es ist klar, daß der Roman mit dem ‚Prozeß' und dem
> ‚Schloß', deren Reihe er (chronologisch) eröffnet, innig zusam-
> menhängt. Es ist eine Trilogie der Einsamkeit, die Kafka hin-
> terlassen hat. (...) In allen drei Romanen geht es um die Ein-
> ordnung des Einzelnen in die menschliche Gemeinschaft und,
> da es sich dabei um höchste Gerechtigkeit handelt, gleichzeitig
> um Einordnung in ein Gottesreich."[55]

Brod meinte nun, dass diese Integration des Einzelnen in die
Gemeinschaft dem Protagonisten in „Das Schloß" und „Der Prozeß" nicht gelingt, in „Amerika" aber wohl, zumindest scheint
ein glückliches Ende wahrscheinlich. Freilich, wenn der End-
punkt jenes Gottesreichs sein sollte, was Karl Roßmann in Amerika erreicht, dann ist dies ein Gottesreich der persönlichen Abhängigkeit und zusätzlich einer daraus resultierenden Deformation der Ichs. Würden wir Brod hier beim Wort nehmen, be-
käme Gott einen geradezu diabolischen Umriss.

Wir müssen nur die Handlung der ersten drei Kapitel des
Romans „Amerika" rekapitulieren: Karl Roßmann wird als Jugendlicher von seinen Eltern verstoßen und mit nichts als einem Koffer in das unbekannte Amerika entsorgt. Dennoch, und
das demonstriert das Thema der persönlichen Abhängigkeit,
möchte er seine Eltern zufriedenstellen. Fast könnte uns hier
das sogenannte Stockholm-Syndrom in den Sinn kommen: Das
Opfer identifiziert sich mit dem Täter. Dann trifft Roßmann auf
dem Ozeandampfer zufällig auf seinen reichen Onkel, Herrn Jakob, der ihn auch bei sich aufnimmt. Aber die verwandtschaft-
liche Liebe und Fürsorge, die Karl durch Herrn Jakob erfährt,

ist – selbst nach damaligen und nicht nur nach heutigen Gepflogenheiten – vom Kontrollwahn nicht weit entfernt. Als der Junge, nachdem er sich an alle Anweisungen seines Onkels gehalten hat, nur ein einziges Mal gegen dessen Wunsch eine Einladung bei einer befreundeten Familie annimmt, wird er sofort vom Onkel verstoßen und zwar mittels eines einzigen, kurzen Briefes, den ein Fremder (Mr. Green) überbringt und der jeden weiteren Kontakt mit dem reichen Onkel verbietet. So landet Karl Roßmann auf der Straße (Viertes Kapitel). Als wäre nicht bereits das ein einziger Alptraum, zeigt Roßmann durch die Art, wie er auf die Verstoßung reagiert, dass er selbst nicht bei sich ist und sein Inneres von einer fremden Macht dominiert wird. Statt betroffen, traurig oder wütend auf den nun wiederholten Verstoß durch die Familie zu reagieren, geht es in der Passage nach dem Lesen des Verstoßungsbriefes so weiter:

„„Sind Sie fertig?' fragt Green. ‚Ja', sagt Karl. ‚Haben Sie mir den Koffer und den Regenschirm mitgebracht?' fragt Karl. ‚Hier ist er', sagt Green und stellt Karls alten Reisekoffer, den er bisher in der linken Hand hinter dem Rücken versteckt hatte, neben Karl auf den Boden. ‚Und der Regenschirm?' fragt Karl weiter. ‚Alles hier' sagt Green (. . .)"[56]

Vielleicht wäre es plausibel gewesen, wenn Karl gegenüber dem fremden Mr. Green keine emotionale Reaktion zeigen wollte. Kafka schildert im Roman „Amerika" aber überhaupt keine Aufarbeitung des Verstoßen-werdens durch die Familie. Es geht hier auch weniger darum, was Kafka selbst als angebrachte Reaktion Roßmanns angesehen hätte, es geht nicht um die Absicht Kafkas, sondern um das, was sich als Struktur in sein Schreiben schiebt. Es ist schwer, „Amerika" nicht so zu lesen, als wären die äußeren und inneren Abläufe zumindest nach den herrschenden bürgerlichen Sitten bedrohlich. Vielleicht wurde dies von Max Brod anders gelesen, weil Roßmann noch ein Jugendlicher ist, die K.s in den anderen Romanen aber immerhin erwachsene Männer. Brod bemerkte an einer anderen Stelle, es sei schwer, als Leser Karl Roßmann nicht lieb zu gewinnen. Aber „Amerika" ist durchaus kein Jugendroman, wie es etwa „Krieg der Knöpfe" von Louis Pergaud oder „Ohne Arme, ohne Beine" von Wladimir Kornilow ist. Die Naivität der Jugend ist bei Kafka bloß ein Instrument, um das Unglaubliche normal aussehen zu lassen. Gerade das führt zu einem höheren Level der Unheimlichkeit.

Der Kampf um die Integration des Einzelnen in die Gemeinschaft nach der Lesart Max Brods ist in Wirklichkeit der Kampf einer gesellschaftlichen Macht gegen das Individuum. Ein Kampf, der, sobald das Individuum ihn annimmt, von diesem bereits verloren ist, weil mit der Annahme des Kampfes die Spielregeln der fremden Gewalt akzeptiert werden müssen. Alle Protagonisten in Kafkas drei großen Romanen haben mit dieser Akzeptanz das ihnen eigentlich Äußere in ihre Person hineingelassen. Sie haben von dem Gift genippt, an dem sie schließlich zugrunde gehen. Der einzige Unterschied zwischen „Amerika" und den beiden Romanen „Das Schloß" und „Der Prozeß" ist, dass in ersterem die fremde Macht nicht offen auftritt, in den letzteren schon – als Schlossbehörde des Grafen Westwest und als geheimes Gericht. In gewisser Hinsicht ist „Amerika" gerade deswegen beunruhigender. Immerhin haben die erwachsenen K.s die Gelegenheit, sich mit einem konkreten, plastischen Gegner zu messen. Auch wenn sie deswegen umso deutlicher verlieren.

An Max Brods Interpretation kann auch gezeigt werden, dass der Interpret eigentlich mehr über sich selbst und sein Weltbild aussagt als über das Objekt des zu interpretierenden Textes. Es fragt sich zum Beispiel, wie es überhaupt dazu kam, dass der Einzelne von der Gemeinschaft getrennt ist, deren integrierter

Teil er wieder werden möchte – wenn wir hier Max Brod folgen. Welche Mächte haben die Vereinzelung verursacht? Und wenn diese Mächte so stark sind, dies zu bewirken, dann haben sie vielleicht auch auf den weiteren Verlauf der Handlung im Text wie auch in der Wirklichkeit Einfluss. Brods Interpretation nimmt das, was zu erklären ist, als durch eine Art unglücklichen Zufall gegeben hin und das war die Methode der gesamten konservativen Kulturkritik ab den 1950er Jahren: Der Mensch ist plötzlich vereinzelt, verloren in den großen anonymen Städten und deswegen bedarf es vermittelnder Institutionen wie der Pfadfinder, moderner Kirchenbauten samt engagierten Seelsorgern, Kulturzentren und Ähnliches mehr ... was in Wirklichkeit allerdings keine echte Gemeinschaft bietet, sondern das Alleinsein bloß kollektiv erlebbar macht. Nur wer die materiellen Gründe für die Auflösung der alten kleinbürgerlichen und feudalen Gemeinschaft wahrnimmt, nimmt auch wahr, dass diese Auflösung unumkehrbar ist. Sie kann nicht durch ein Surrogat ersetzt werden. Die Gesellschaft hat längst die Gemeinschaft ersetzt. Der einzige Weg nach vorne von der anonymen Gesellschaft der Warenbesitzer ist die Vergesellschaftung. Für diese Perspektive stand Kafka nicht, aber er stand auch nicht für das Surrogat der Konservativen. Ganz richtig und stimmig konzentriert sich die Kunst auf die dichterische Verarbeitung des bereits gegebenen – und nicht des zu Unrecht verschönten – sozialen Materials. Diese Stellung hatte und hat übrigens auch Martin Walser inne, vermutlich nach Kafka der bedeutsamste deutschsprachige Prosaist des 20. Jahrhunderts. Max Brod hingegen hat den Kultur-Konsumenten bereits den unschätzbaren Verdienst erwiesen, Franz Kafkas Werke vor der Vernichtung zu retten, indem er sich über den letzten Willen seines langjährigen Freundes hinwegsetzte. Ihn als Interpret zu „überwinden" ist hingegen eine leichte Übung und damit sind wohl auch keine

Meriten mehr zu sammeln.[57] Dennoch zeigt sich in der Abgrenzung zu Brods Interpretation umso deutlicher, was tatsächlich in Kafkas Romanen steckt. Vor allem dieser eigenartige Roman „Amerika" erschließt sich ja nicht so unmittelbar wie „Der Prozeß" oder „Das Schloß".

„Wir fühlen, wie dieser gute Junge Karl Roßmann, der schnell unsere ganze Liebe gewinnt, allen falschen Freundschaften und perfiden Feindschaften zum Trotz, sein Ziel, sich im Leben als anständiger Mensch zu bewähren und die Eltern zu versöhnen, erreichen wird. (...) Und die vergebliche, wie oft ironisch genasführte Postensuche verweist auf verwandte Geschehnisse im ‚Schloß', (...)"

– mit letzterem Punkt hat Brod ganz recht –

„(...) mit der Ausnahme, daß hier, in ‚Amerika', zum Schluß das erlösende, sei´s auch durch gewisse Nebenumstände nicht ganz vollgültige ‚Aufgenommen' erklingt."[58]

Brod meinte also, dass das letzte Kapitel mit dem Titel „Das Naturtheater von Oklahoma" Anlass zur Hoffnung biete, dass der Protagonist Karl Roßmann seinen Weg mache und alles gut werde. Einmal abgesehen davon, dass gar nicht sicher ist, ob dieses Kapitel am Ende des Buches stehen sollte, ist der Inhalt gar nicht so beruhigend. Karl liest ein Plakat mit dem Inhalt, dass das Theater Mitarbeiter anstellt. Aber „Jeder wird genommen". Bereits das ist eigenartig, denn es bedeutet eigentlich, dass die Ware Arbeitskraft nicht Gegenstand des Handels zwischen Kapital und Arbeit ist. Vielmehr deutet diese Formulierung bereits darauf hin, dass die gesamte Person und unabhängig einer konkreten Arbeitskraft genommen wird. Und hier bedeutet „genommen wird" durchaus nichts Angenehmes.

Dann stellt sich heraus, dass es sich bei dem Theater um eine monströs riesenhafte Organisation handelt, mit Zweigstellen in vielen Städten. Der Aufnahmeprozess findet in Trabrennbahnen statt. Dann ist es schwer, herauszufinden, wie man zum Bewerbungsgespräch kommt und nur Karl gelingt es. Es stellt sich heraus, dass es sogar unterschiedliche Aufnahmebüros für unterschiedliche Berufe und Qualifikationen gibt – obwohl ja dennoch „jeder genommen werden soll"! Karl probiert es zuerst bei den Ingenieuren, wird von dort zu den „technisch Interessierten" geschickt. Auch dort abgewiesen, kommt er zu den Mittelschulabsolventen, was aber auch nicht richtig ist, weil er ja die Mittelschule in Europa absolviert hatte. Dafür, sozusagen für die Untersten, gibt es auch ein eigenes Aufnahmebüro. Die Diversifizierung des Recruiting-Prozesses hat nicht ihren Grund darin, die für das Unternehmen passende Arbeitskraft herauszufiltern, sondern die Gefolgschaft zu disziplinieren. Es ist eine feudale Struktur, die sich das Kleid eines kapitalistischen Unternehmens angelegt hat.

Eine Bürokratie schiebt sich zwischen das bürgerliche Individuum und seinen für die Eigentumslosen einzigen Besitz: die Fähigkeit, zu arbeiten. Der Roman „Amerika" wurde auch schon mit anderen Titeln – wie etwa: „Der Verschollene" – herausgegeben, weil Kafka den Roman nur indirekt, an anderen Stellen, benannte. Er könnte aber auch sinngemäß heißen: Von einem, der lohnarbeiten wollte, aber dabei dauernd von feudalen Strukturen abgehalten wurde. Und das in Amerika! Die Vermittlung zwischen den Subjekten wird zum eigentlichen Subjekt. Und dadurch werden die ursprünglichen Subjekte zum Objekt der Vermittlung. Eine – übrigens unangenehme – Erfahrung, die jeder von uns mit bürokratischen Vorgängen machen kann. Abläufe wie jener Bewerbungsprozess zum Naturtheater von Oklahoma könnten auch in der Wirklichkeit und nicht nur in der Dichtung stattfinden. Deswegen erscheinen sie uns realistisch und nicht so arg schlimm. Sie sind aber auch in Wirklichkeit schlimm und in Kafkas Text so konsequent durchgeführt, als würde alles nur auf eines hinauswollen: die Entfremdung, die selbst die „unverdorbene Jugend" Roßmanns erfahren muss. Es handelt sich nicht um die Entfremdung im Arbeitsprozess, also das Getrenntsein der Arbeiter von den Arbeitsinstrumenten und dem Arbeitsprodukt, die beide dem Kapital gehören. Sondern – davor gelagert und deswegen noch radikaler – die Entfremdung von dem eigenen Arbeitsvermögen. Eine Vermittlung steht nämlich zwischen beiden, wie die Zirkulation zwischen dem Geld und der Ware, was Karl Marx mit der Rolle Christus' zwischen Gottvater und Mensch verglich, wo die Vermittlung aber nicht endet:

„(. . .) die Heiligen wichtiger als Christus; die Pfaffen wichtiger als die Heiligen."[59]

Und tatsächlich, auch innerhalb des Vermittlungsapparates, gibt es noch einmal die Ebene der Vermittlung – den Schreiber, der sich bei der Aufnahme Roßmanns gegen seinen eigenen Vorgesetzten durchsetzt und diesen glatt ignoriert. Es ist, als wollte Kafka die Sache so auf die Spitze treiben: Wir erleben die Entfremdung von der Arbeitsfähigkeit selbst. Die Entfremdung ist nicht Ergebnis der Abnützung eines langen Arbeitslebens, sondern tritt dem Naturzustand des Menschen, nämlich eines Halbwüchsigen, entgegen. Alles spitzt sich auf die Eigentumslosigkeit zu, nicht auf die konkrete Armut an Konsumgütern, sondern auf die Eigentumslosigkeit des Arbeiters, der nicht einmal als bürgerliches Individuum arbeiten darf, höchstens als Person zu (bescheidenem) Konsum kommt. Könnte das alles nicht auf die soziale Lage des Arbeitslosen deuten? Das wäre naheliegend, aber ist irgendwie doch nicht stimmig. Lasen wir uns das einmal durch den Kopf gehen:

Der klassische Industriearbeiter ist gewerkschaftlich organisiert – aber das kommt in „Amerika" nur von außen betrachtet, als Hindernis der Streikenden für den Straßenverkehr, vor. Die

Berufe, die in Kafkas Romanen vorkommen, sind allesamt eher
den persönlichen Dienstleistungen vergangener Jahrzehnte zu-
zurechnen: Wirtsleute, Fuhrmänner, Taxifahrer, Portiere, Boten, Oberkellner, Oberköchin, Köchin, Zimmermädchen, Stall-
bursche, Nichtsnutze, Richter, Henker, Prügler, Passanten, Prokuristen, Direktoren, Direktoren-Stellvertreter und so weiter.
Was Kafka zwar gut kannte, aber nie literarisch verarbeitet hat:
Industriearbeiter, die ihren Job machen, dafür dank Gewerk-
schaft einen anständigen Lohn mit nach Hause bringen, am
Werktor die Arbeit zurücklassen und als Privatpersonen freie
Individuen sind, die erst wieder bei Schichtbeginn in die Blaue
schlüpfen. Weshalb hatte Kafka nicht dieses Berufsmodell im
Blick, sondern die persönlichen Dienstleistungen? Das ist die
spannende und zugleich aufschlussreiche Frage!

In „Amerika" wird das Arbeitsleben – vor allem jenes im Hotel
Occidental – detaillierter beschrieben. Und hier zeigt sich vor
allem in der Gestalt der Stenotypistin Theresa der Vorteil dieses Materials: Es ist gänzlich, mit Haut und Haaren, der Arbeit
ausgeliefert. Die Beschäftigten im Hotel, von den Liftjungen
bis zum Portier haben eigentlich kein Privatleben. Von ihnen
wird verlangt, sich rund um die Uhr den Usancen des Betriebes
anzupassen. Sie sind persönlich abhängig und verlieren damit
ihre Individualität. Es ist dem Oberkellner und dem Oberpor-
tier völlig gleich, ob die Vorwürfe gegen den Liftjungen Karl
Roßmann stimmen, sie könnten auf alle Liftjungen zutreffen.
Hier verlieren die Arbeiter ihre Individualität und können auch
nicht als freie Bürger den Lohn für den Verkauf ihrer Arbeitskraft aushandeln. Ja, selbst nach der Entlassung kann Roßmann nicht einfach aus dem Betrieb hinausgehen, sondern wird
vom Ober-Portier daran gehindert. Karl möchte davonkommen,
auf der Straße sein Glück versuchen und wird später von Dela-
marche und Robinson gezwungen, in den Dienst der Sängerin

zu treten. Und wer – frei nach Günter Wallraff – ganz unten ist, ist eben auch mehr Zwängen ausgesetzt, mitunter zufällig auch jenem Zwang, auf den freien Verkauf der Ware Arbeitskraft verzichten zu müssen und persönliche Dienste zu erfüllen. Das allein ist nicht unüblich, aber es entspricht dennoch nicht der puren Logik des Kapitalismus, sondern darüber hinaus noch einer anderen Logik, die es real auch gibt. Jede literarische Verarbeitung der Themen Migration, industrielle Ausbeutung und kleinbürgerliche Abhängigkeitsverhältnisse wird auf dieses Gegensatzpaar (gebildet aus zwei Antagonismen, „Logiken") zurückgreifen, um das Material zu verarbeiten. Indes, in Kafkas Romanen ist dieser Gegensatz so zugespitzt, dass er ein überhistorisches Element bekommt:

Abstrakt gesehen überlagert hier der Arbeitsprozess das Produktionsverhältnis. Diese Überlagerung gibt es außerhalb der Dichtung, also im wirklichen Arbeitsleben, eigentlich nicht. Eine faktische Analogie existiert vielleicht zu modernen Industriereportagen der 1970er und 1980er Jahre. In Günter Wallraffs „Ganz unten" ist das dominierende Thema ja eher die Überausbeutung und nicht die Überlagerung.[60] Das bedeutet, dass die Ausbeutung die physische Reproduktion der Ware Arbeitskraft gefährdet. Dabei wird der Verschleiß des Menschen in seinem physischen und psychischen Potential vor dessen Zeit von der Industrie in Kauf genommen. Neue Arbeitskräfte sind sozusagen billiger, als das Werk umzurüsten oder Arbeitsprozesse mitarbeiterfreundlicher zu organisieren. Heute werden wir an diese Realität mit schöner Regelmäßigkeit durch gewaltige Arbeitsunfälle, etwa in den Textilfabriken Bangladeschs erinnert.[61] Indes, Arbeiter als Warenbesitzer sind die armen Schweine doch noch immer. Bei Kafka ist aber der Punkt, dass den Menschen erst gar nicht zugebilligt wird, über den Verkauf ihrer Arbeitskraft zu verfügen, sie fallen wie in einer Zeitreise hinter die ursprüngliche kapitalistische Akkumulation zurück. Denn erst diese schafft das historische Resultat, dass die Arbeiter doppelt frei sind: Frei von (produktionsrelevantem) Eigentum und frei von persönlichen Bindungen an eine andere Klasse, also frei, ihre Arbeitskraft am Markt anzubieten. Erst nach dem Verkauf, im Arbeitsprozess selbst, kann das Kapital als Despot auftreten und bestimmte Arbeitsschritte verlangen, reglementieren und bei Nichterbringung sanktionieren. Aber niemand kann einen bestimmten Arbeiter zwingen, gerade bei diesem Unternehmer zu malochen. Die Freiheit, sich als Warenbesitzer selbst zu vermieten, bleibt und als Warenbesitzer ist er dem Kapital, das ja auch nur aus Waren besteht, zumindest formell gleichgestellt.

In Kafkas Romanen gibt es diese Freiheit nicht, oder – um es vorsichtiger zu formulieren – ist diese Freiheit nicht historisch vorausgesetzt, sondern immer vakant und muss erstritten werden. Wenn etwa Theresa in „Amerika" zu Karl Roßmann sagt: Lass uns zusammenhalten ... dann ist damit nicht nur ein protogewerkschaftlicher Zusammenhalt der Unteren im Betrieb zu verstehen, sondern ein Zusammenhalt gegen die Überlagerung. Da ist tatsächlich ein feudales Prinzip sichtbar, das in „Amerika" am deutlichsten in dem Kapitel „Asyl" sichtbar wird. Robinson erzählt Karl Roßmann, dass er sogar seine Katze als Haustier abgeben musste, weil die Arbeit als Diener bei Brunelda dies verlangte. Auch Karl sollte sein Privatleben völlig aufgeben und rund um die Uhr verfügbar sein.

„„Ja', sagte Karl, ‚was für Dich gilt, muß noch lange nicht für mich gelten. Überhaupt gilt so etwas nur für den, der es sich gefallen läßt."[62]

Hier geht es nicht mehr nur um (miese) Arbeitsbedingungen, sondern um völlige Inanspruchnahme der gesamten Person durch eine fremde Macht vs. das Lohnarbeitsverhältnis, das

Roßmann vertritt.

„Du weißt eben nicht, was dir fehlt, du solltest irgendeine ordentliche Arbeit für dich suchen, statt hier Delamarches Diener zu machen. Denn soweit ich nach deinen Erzählungen und nach dem, was ich selbst gesehen habe, urteilen kann, ist das hier kein Dienst, sondern eine Sklaverei (...)."[63]

Freilich gibt es im wirklichen Kapitalismus auch diese „Sklaverei" – aber diese entsteht aus der Tatsache, dass das Kapital den Produktionsprozess der Arbeiter nach dem Parameter des eigenen Profits bestimmen kann und muss. Bei Kafka hingegen beginnt die Sklaverei bereits bei der Verunglimpfung der individuellen Freiheit des Arbeiters. Als in „Amerika" später alle vom Theater Neuaufgenommenen bewirtet werden, geschieht dies in einem Stadium und die Chefs stehen so weit oben auf einer Tribüne, dass sie das Zuwinken der Aufgenommenen gar nicht sehen können. Wie eine Kompanie Soldaten müssen die Aufgenommenen zum Zug laufen, weil die Ansprache der Chefs absichtlich zu lange gedauert hat. Das Fremde hat die Gewalt nicht nur über den Arbeitsprozess selbst – das wäre, wie gesagt, im Kapitalismus ja der normale Gang der Dinge – sondern auch über die Arbeitskraft als bloße Möglichkeit. Eigentlich wird damit der Arbeitskraft der Warencharakter entzogen – und das bezieht sich bereits auf die Produktionsverhältnisse, nicht auf die Produktionsweise.

Die Überlagerung des Produktionsverhältnisses über die Produktionsweise ist als Material auch an anderen Stellen der deutschsprachigen Belletristik des 20. Jahrhunderts sichtbar, vor allem in den Nachkriegsjahrzehnten der Bonner Republik. Auch in der Belletristik von Martin Walser wird etwas dieser Art sichtbar, aber anders: nämlich dass der Mensch zwar seine Arbeitskraft verkaufen kann, aber dann im Arbeitsprozess von der Arbeit als Person gänzlich inkorporiert wird. Dadurch, dass eine fremde Macht ein Individuum als ganze Person nimmt, sozusagen mit Haut und Haaren, und nichts mehr übriglässt, setzt sich auch hier das feudale Prinzip innerhalb der bürgerlichen Produktionsverhältnisse durch und überwuchert diese. Wenn dies bei Günter Wallraff die physische Reproduktion der Ware Arbeitskraft tangiert, so bei Martin Walser die psychische. Es bleibt dem Protagonisten kein Leben nach der Arbeit, weil er auch in seiner Freizeit von den ständigen Gedanken an seine Arbeit beschäftigt ist. Treffenderweise nannte Walser seinen Roman, der dies auch als Handlung zum Thema hat: „Seelenarbeit". [64]

Freilich, bei Walser ist das Thema folgendes: wie das Arbeitsleben im Kapitalismus das Individuum degradiert und limitiert, indem der Arbeitsprozess auf die Psyche und die eigentliche Freizeit schlägt. Nun könnte man sagen, das sei ja auch das Thema bei Kafka. Auch hier vermengen sich Arbeit und Freizeit zu einem zähen Brei, der den Protagonisten behindert. Aber das wäre nicht ganz konzise. Bei Walser ist es tatsächlich Thema. Bei Kafka ist es weniger Thema, als vielmehr Material. Wir kommen mit der populären Frage „Was will uns der Dichter damit sagen?" bei Walser zu dem Inhalt, bei Kafka nicht. Eigentlich ist fast nebensächlich, was uns der Dichter sagen wollte. Es ist schon interessanter, was wer und weshalb in Kafkas Werk erkennt.

Jedenfalls haben wir folgende Konstellation vor uns: Als Handlung geht es auch bei Kafka immer um das Arbeiten: Alle strudeln sich ab, auch nur arbeiten zu dürfen bzw. zu können. Das ist in „Amerika" so, das ist in „Das Schloß" so und das ist eigentlich auch in „Der Prozeß" so. Hier will Josef K. den Prozess von seiner Arbeit fernhalten. Es gelingt nicht und der Prozess beschädigt zuerst seine Stellung, dann seine Arbeitsfähigkeit. Wobei die Tatsache gilt, dass die Behinderung der freien Lohnarbeit nicht durch die ökonomischen Kräfte von Angebot und Nachfrage zustande kommt, sondern durch marktfremde Kräfte. Sie setzen der Individualität der Lohnarbeit etwas entgegen: das Persönliche. Der Gegensatz zwischen dem Individuellen und dem Persönlichen ist auch im Gegensatz zwischen Kapitalismus und Feudalismus vorhanden. Aber vielleicht ist dies nur eine Analogie. Vielleicht geht es doch immer und einzig um den Gegensatz zwischen dem Individuellen und dem Persönlichen ... und die Abrollung dieses Gegensatzes in der Welt des Arbeitslebens ist nur der Plot, das Theater, die Szene, die Verbildlichung. Vielleicht geht es abseits des Plots doch „nur" um den Gegensatz innerhalb des Menschen, nicht innerhalb der Gesellschaft. Was ist hier unter „das Persönliche" gemeint? Die Beanspruchung der gesamten Person durch eine fremde Macht, während das Individuelle diesen Zugriff begrenzt und reglementiert, um selbst bleiben zu können. Dieser Gegensatz verhält sich wie jener des Es zum Überich bei Freud, obwohl das Individuelle mehr dem Ich statt dem Es ähnelt.[65]

Kommen wir nun zu dem letzten Test unserer Analyse: Franz Kafkas Brief an den Vater. Zuerst einmal ist es schlicht interessant, mit welcher Klarheit und Konsequenz Kafka den Konflikt mit seinem Vater seziert. In dem langen, nie abgesendeten Brief finden sich einige Passagen, die zumindest Hinweise auf unsere Interpretation bieten. Wenn auch der Fokus jeder Interpretation auf dem eigentlichen Kunstwerk liegen muss, bietet die persönliche Lage des Künstlers zumindest zusätzliche, gleichsam abrundende Elemente.

„Du verwechselst die Sache mit der Person; die Sache springt Dir ins Gesicht, und Du entscheidest sie sofort ohne Anhören der Person (...)"[66]

„Du bekamst für mich das Rätselhafte, was alle Tyrannen haben, deren Recht auf ihrer Person, nicht auf dem Denken begründet ist."[67]

Dieser Satz ist ziemlich instruktiv. Die Person und das Persönliche sind nicht etwa nette, private Dimensionen, sondern bedeuten grenzenlose, totale Ausbreitung des einen auf Kosten des anderen Individuums.

„Dadurch wurde die Welt für mich in drei Teile geteilt, in einen, wo ich, der Sklave lebte, unter Gesetzen, die nur für mich erfunden waren und denen ich überdies, ich wußte nicht warum, niemals völlig entsprechen konnte, dann in eine zweite Welt, die unendlich von meiner entfernt war, in der Du lebtest, beschäftigt mit der Regierung, mit dem Ausgeben der Befehle und mit dem Ärger wegen deren Nichtbefolgung, und schließlich in eine dritte Welt, wo die übrigen Leute glücklich und frei von Befehlen und Gehorchen lebten."[68]

Heute würde man statt „Welt" den Begriff „Domäne" verwenden, den die IT-Technologie wohl irgendwann in den 1990er Jahren sehr klug aus der Geschichte des Feudalismus übernommen hatte und die alleinigen Zuständigkeiten auf einen feudalen Daten-Punkt kennzeichnet, die aber andererseits auch statt territorial nebeneinander, übereinander und mit Verschneidungen existieren können. Die zitierte Stelle aus Kafkas Brief an seinen Vater erinnert zudem irgendwie auch an den Roman „Manila" von Ingeborg Bachmann.[69] Darin ist es der Liebespartner, der dem anderen die Individualität aussaugt und sich in der Persönlichkeit des anderen ausbreitet. Auch hier ist „das Persönliche" nicht niedlich, sondern geradezu existenzgefährdend: Aus Liebe bzw. der Sucht nach dem Geliebt-werden wird dem anderen ein totaler Zugriff auf die eigene Person (hier auf das Es nach Freud) zugestanden. Das kann nur zur Unterordnung und Abhängigkeit führen, die Ingeborg Bachmann so präzise verarbeitet hat.

„Manchmal stelle ich mir die Erdkarte ausgespannt und Dich

quer über sie ausgestreckt vor. Und es ist mir dann, als kämen für mein Leben nur die Gegenden in Betracht, die Du entweder nicht bedeckst, oder die nicht in Deiner Reichweite liegen. Und das ist entsprechend der Vorstellung, die ich von Deiner Größe habe, nicht viel (...)"[70]

Es geht für unsere Zwecke bei dem „Brief an den Vater" nicht darum, dessen biographischen Gehalt zu untersuchen, es geht auch nicht darum, posthum immer hypothetisch bleibende Alternativen der Lebensweise von Franz Kafka aufzustellen. Der Text ist zwar ein psychologisches Dokument, aber gleichzeitig ein Beispiel der Verarbeitung von sozialem Material, das Analogien zu den eigentlichen belletristischen Texten bietet.

Nun ist es auch nicht so, dass eine „psychologische Deutung" des Werkes weniger wert wäre als eine „soziologische". Nur eine vulgäre materialistische Kunstkritik käme zu diesem Schluss. In Wirklichkeit bestehen tausenderlei Fäden zwischen der psychischen und der sozialen Struktur. Wir müssen nur einen Blick über die Schulter Franz Mehrings werfen, um eine fruchtbare, lebendige und fein ziselierte Anwendung der materialistischen Kunstkritik kennenzulernen.[71] Kafkas Konflikt mit seinem Vater befindet sich zuerst auf einer individuellen Ebene, aber erstens spiegelt sich in ihr ein allgemeines Muster wider und zweitens war Kafka selbst in der Lage, den Konflikt zu verallgemeinern und zu objektivieren. Eine Kunstkritik muss sich genegenüber dieser Konstellation nicht extra anstrengen, irgendetwas Verborgenes, Originelles im Werk herauszufinden. Es genügt, ziemlich nahe am Text zu bleiben. Franz Kafka über sein dichterisches Tun:

„Natürlich war es eine Täuschung, ich war nicht oder allergünstigsten Falles noch nicht frei. Mein Schreiben handelt von Dir, ich klage dort ja nur, was ich an Deiner Brust nicht klagen konnte. Es war ein absichtlich in die Länge gezogener Abschied von Dir, nur daß er zwar von Dir erzwungen war, aber in der von mir bestimmten Richtung verlief."[72]

„Ich habe schon angedeutet, daß ich im Schreiben und in dem, was damit zusammenhängt, kleine Selbständigkeitsversuche, Fluchtversuche mit allerkleinstem Erfolg gemacht"[73]

Freilich, der Konflikt zwischen Franz und Hermann Kafka, soweit dieser in dem Text „Brief an den Vater" zum Ausdruck kommt, ist gleichzeitig auch einfach nur der Konflikt zwischen Heranwachsenden und Eltern, ist – was ebenso deutlich im Werk Kafkas zum Ausdruck kommt – dichterische Analyse der Familie als solche. Auf den Kern reduziert kann der Konflikt auch als einfache Dominanz auf der einen und Deformierung der Persönlichkeit auf der anderen Seite gesehen werden. Die eine Seite ist Täter, die andere Seite ist Opfer und wie immer ist das Opfer doppelt geschädigt. Einmal, indem ihm übel mitgespielt wurde, ein andermal, weil es von diesem Vorfall nicht wegkommt, ihn immer und immer wieder analysieren muss. Kurzum: in ihm gefangen bleibt. Und wenn das Opfer einmal dazu kommt, den Vorfall zu überwinden, so hat dieser notwendige Überwindungs-Prozess so viel Kraft und Zeit gekostet, dass nur ein Lebensrest übrigbleibt. Genug, soweit dürfte die Sache klar sein: Der Konflikt muss nicht als übermäßige Inanspruchnahme des Persönlichen auf Kosten des Individuellen gesehen werden, und nur so besteht eine Analogie zu dem historischen Konflikt zwischen bürgerlichen und feudalen Produktionsverhältnissen. Diese Analogie sehen wir nicht, wenn wir bei Kafka den familiären Konflikt als Dominanz vs. Deformation fassen. Wenn wir ihn indes als übermäßige Inanspruchnahme des Persönlichen auf Kosten des Individuellen sehen, dann haben wir zwar noch immer keine Identität zwischen dem individuellen Konflikt und dem historischen Konflikt vor uns und es bleiben zwei unterschiedliche Objekte. Aber sie lassen sich mittels einer gemeinsamen Grammatik miteinander verbinden und verweisen gegenseitig auf das jeweils andere; etwa so, wie geschichtlich verwandte Sprachen eine gleiche grammatikalische Struktur verwenden.

Es ist nicht notwendig, aber immerhin möglich, den Konflikt so zu fassen und so steht Franz dem feudalen Prinzip Hermann genauso unvereinbar und feindlich gegenüber wie K. in „Das Schloß" und K. in „Der Prozess" und wie Karl in „Amerika" dem feudalen Prinzip gegenüberstehen. Nicht dass der Vater tatsächlich ein Feudalherr gewesen wäre – er war selbstverständlich ein Unternehmer im Rahmen des Kapitalismus. Es geht nicht um das reale Sein, sondern um ein Prinzip, das sich im Sein neben anderen Prinzipien auch ausdrückt. Und ja: Eine Spur des Alten, Vorkapitalistischen mag sich tatsächlich in dem Verhalten und dem Familienbild vieler Generationen und Weltgegenden erhalten haben. Hermann Kafka konnte nicht anders. Das ist ganz so, wie im sozialen Leben das Phänomen der Bürokratie sich zuerst im alten, vorkapitalistischen Staat findet, dann aber vom Kapitalismus übernommen, umgeformt und ausgebaut wurde und dann sogar auch noch von den Planwirtschaften des 20. Jahrhunderts übernommen, umgeformt und noch weiter ausgebaut wurde. Und in den Planwirtschaften steht uns dieses Phänomen wie in den alten Priesterkulturen Westasiens und Nordafrikas sogar ziemlich rein gegenüber.[74]

Fassen wir nun zusammen. Unsere These weist zwei Bruchstellen auf. Erstens die Arbeitsweise des Künstlers, das aufzufinden und zu verarbeiten, was wir hier als den Gegensatz zweier Prinzipien nachgezeichnet haben. Diese Bruchstelle liegt dort, wo das eigene Erleben Kafkas, wie es zum Beispiel in dem „Brief an den Vater" zum Ausdruck kommt, als ein historischer Gegensatz sozialer Prinzipien angesehen wird. Die zweite Bruchstelle liegt innerhalb dieses Gegensatzes selbst.

Denn wohl liegt der Gegensatz zwischen den feudalen und bürgerlichen Produktionsverhältnissen darin, dass erstere den gesamten Menschen als Person verwerten und dass in letzteren der Eigentumslose zumindest so viel Individualität hat, um seine blanke Arbeitskraft verkaufen zu können. Hier bedeuten die bürgerlichen Produktionsverhältnisse die Souveränität des Einzelnen, der Kafkas Helden so sehnsüchtig wie erfolglos hinterherjagen. Gleichzeitig aber ist das alte feudale Prinzip als bürokratisches Verhalten, als Das-Subjekt-zum-Objekt-Machen auch in der bürgerlichen Gesellschaft vorhanden. Und zwar nicht einfach zufällig, etwa als unvollständige Überwindung etwas historisch Vorangesetzten. Sondern notwendig, weil in der bürgerlichen Produktionsweise der Mehrwert steigt, wenn die Löhne sinken und im Produktionsprozess die Arbeit als Gebrauchswert ohne die „Seele" des Besitzers der Arbeitskraft verwertet werden muss. Jede soziale Herrschaft einer Minderheit über eine Mehrheit bedarf dieses Das-Subjekt-zum-Objekt-Machens, dieser Objektivierung. Deswegen ist der Mensch im Kapitalismus zugleich freier als im Feudalismus und zugleich unfreier. Dieser Widerspruch, der Eingang in Kafkas Werk fand, existiert real. Würde jemand in einer feudalen Gesellschaft die Werke Kafkas lesen, sagen wir auf einem neu zu entdeckenden Stern mit intelligenten Wesen, dieser Jemand würde diesen Gegensatz gar nicht wahrnehmen und daher die dichterische Spannung nicht genießen können. Schön blöd. Das Prinzip des Alten, das im Neuen anders gekehrt wiederauftaucht, dieses Prinzip brauchte Franz Kafka nicht zu erfinden, er brauchte es nur aufzufinden. Und Kafkas großartige dichterische Leistung bestand darin, es zu einer auf der ganzen Welt intuitiv verständlichen Sache zu machen.

Die Geburt des Individuums

Das Individuum – nicht nur in Kafkas Prosa, sondern generell – ist ein interessantes Phänomen. Ganz abstrakt, ahistorisch und metaphysisch gesehen, ist der Mensch immer auch Gemeinschaftswesen wie jedes andere „Herdentier". Weshalb muss es dann aber auch das Individuelle geben, das sich ja gerade dadurch definiert, nicht in dem Gemeinschaftssein aufzugehen? Umgekehrt: Wenn es darin zur Gänze aufgehen würde, dann bliebe nichts Individuelles. Und das Individuum ist kein Naturzustand, sondern ein Produkt der Gesellschaft, gerade weil es darin nicht aufgeht. Es steckt also eine schöne Portion Dialektik in diesem Rätsel.

Wenn nicht ein Individuum, sondern das Individuum Produkt der gesellschaftlichen Entwicklung ist, dann ist es ein historisches Phänomen. Es ist irgendwann einmal entstanden und wird deshalb irgendwann einmal wieder vergehen und zur Geschichte werden. Freilich, hier soll die Frage nach dem Individuum nicht nach den Kriterien der Logik, sondern nach den Kriterien des Materialismus gestellt werden. Dafür benötigen wir die Zuspitzung des Auf-den-Begriff-Bringens, die Übertreibung. Wenn wir hier zum Beispiel lesen, dass der antike Sklave kein Individuum war, dann ist damit nicht gemeint, dass der konkrete Einzelne keine „individuellen" Eigenheiten, Erlebnisse und Empfindungen gehabt habe.

Vielmehr: Der antike Sklave hatte überhaupt kein Eigentum, auch nicht das Eigentum seiner eigenen Arbeitskraft, die er selbst am Arbeitsmarkt verkaufen könnte. Der leibeigene Bauer – und diese gab es immerhin noch durch die Bank im 19. Jahrhundert, jetzt sind wir nicht mehr so exotisch weit vom Ort des Geschehens entfernt! – hatte zwar mehr persönliche Rechte als der Sklave, der nämlich als Eigentum des Sklavenbesitzers gar keine hatte, aber diese waren von der Feudalherrschaft abhängig. Meist spielten sie auch in der Literatur nur die Rolle des Adjektivs für ihren Herren.

„In das Tor eines Gasthofes der Gouvernementsstadt N. N. rollte ein recht hübscher, federnder Wagen, von der Art, wie mit ihnen die alleinstehenden Herren zu fahren pflegen: Oberstleutnants a. D., Stabshauptleute, Gutsbesitzer, die an die hundert leibeigene Seelen besitzen, mit einem Wort alle, die man Herrschaften mittleren Ranges nennt."[75]

Kurzum: Der Bauer war nicht souverän. Auf der anderen Seite war er aber immerhin selbst auch Kleineigentümer und damit Teil einer ökonomischen Gemeinschaft. Teil der alten Gemeinschaft zu sein, bedeutet aber auch, keine Nachfrage nach Individualität zu entwickeln. Das kam offensichtlich erst später.

Erst der Siegeszug des industriellen Kapitalismus machte aus allem eine Ware und auch die heutigen Bauern und sonstige Kleineigentümer zu integrierten Teilen der Warenwirtschaft. Kauf und Verkauf von Waren aller Art bedeutet wiederum Souveränität über den Handel mit der eigenen Ware. Nicht nur der Kapitaleigentümer kauft und verkauft Waren für seinen Produktionsprozess, sondern auch die Nicht-Kapitaleigentümer, die Arbeiter. Sie verkaufen ihre Arbeitskraft an das Kapital. Der Lohn ist der Preis dieser Ware. Und so kurios es sich anhören mag, vor allem für „sozialistische" Ohren: In der Bestimmung des Lohnarbeiters liegt auch untrennbar ein bürgerliches Element: die freie Verfügbarkeit über die Ware, die dem Arbeiter gehört, und sei es nur die Arbeitskraft.

Hier ist der eigentliche Grund für das Phänomen Individuum zu finden. Auch wenn alle gleich aussehen, sich gleich kleiden, das Gleiche essen und auch sonst das Gleiche machen ... so handelt es sich bei diesem Gleichsein bloß um die Uniformität einer Masse an Individuen. Individuen bleiben sie dennoch. Und als Individuen erscheint ihnen die unmittelbare gesellschaftliche Beziehung als äußerlich: Einzelne Warenbesitzer sind voneinander getrennt, erst der Warenhandel schafft die Verbindung. Während die alten Kulturen nur ihren Überschuss als Waren anderen Kollektiv-Gemeinschaften anboten, sind heute einzelne Personen Warenhändler: Individuen. Sie bleiben Einzelne, auch wenn sie sich zu gemeinsamem Konsum zusammenfinden. Erst im Produktionsprozess werden sie – zumindest die Arbeiter – wieder eine organische Masse, so wie in allen Bereichen, die außerhalb des Warenhandels liegen, etwa im Privatleben. Aber ach! Das Privatleben selbst ist wiederum das Ergebnis der Zersetzung der alten Feudalgesellschaft, die gleich alles persönlich nahm und deswegen gar keinen Platz für das Private hatte.[76]

„Das Haus war also ein autonomer Friedens- und Rechtsbezirk, in dem die private und öffentliche Sphäre zusammenfielen, weil der Hausherr auch Funktionen wahrnahm, die wir heute als staatlich bezeichnen würden."[77]

Genau genommen bedeutet dies aber, dass es keine Privatheit gab. Und Goetz meint mit „privat" eigentlich „familiär" als Gegensatz zu „staatlich". Öffentlich bedeutete etwa, dass Besucher und Zuschauer beim Essen, Schlafen und zum Teil sogar beim Sexualleben dabei sein konnten. Was bleibt dann von der Privatheit übrig? Und erst als Abgrenzung von der großen, arbeitsteiligen Produktion und Konsum entsteht der Wunsch nach Individualität, den die alte Gemeinschaft gar nicht kannte. In der europäischen Antike, vor allem im alten Griechenland, tauchte die Individualität erstmals auf – auf der Grundlage der frühen, vorkapitalistischen Warenproduktion und somit auch des Warenhandels. Diese protokapitalistische Individualität bildete den Gestus der uns seit dem Mittelalter so beeindruckenden antiken Kunst. Vermutlich spüren wir hier als individuelle Warenbesitzer unsere Geburtsstunde, unseren Schöpfungsmythos. Die Individualität speist sich somit einerseits aus der Nachfrage nach Individualität als Gegenmodell zu der anonymen Vergesellschaftung des Marktes wie auch aus dem Angebot an Individualität durch den Warenbesitz.

Das Individuum zeichnet sich durch mehr Souveränität aus. Nur das Individuum kann Entscheidungen am Markt treffen, auch wenn der Umfang der Souveränität weder gott- noch naturgegeben ist, sondern sehr prosaisch vom Eigentum abhängt. Die Souveränität ist restriktiv durch die Produktion des Reichtums begrenzt; sie ist restriktiv durch den Gegensatz zwischen Kapital und Arbeit begrenzt, aber immerhin: Sie ist.

Das Letzte, was wir einleitend zu definieren haben, ist der Begriff der Masse. In unserem Kontext bezeichnet Masse die Art und Weise, wie die einzelnen Teile der Gesellschaft zusammengesetzt sind. In der alten Gesellschaft sprechen wir von einer organischen Masse. Die Unterschiede der Einzelnen waren persönliche Unterschiede, oft sehr große persönliche Unterschiede, aber als solche waren sie integrale Teile der Masse. Wie eine große Familie aus ganz Unterschiedlichem besteht und diese Unterschiedlichkeit nie Teil einer Verhandlung zwischen den einzelnen Teilen sein wird, so auch die alte Gemeinschaft. Die atomisierte Masse der Warengesellschaft hingegen „vermasst" an sich Gleiches und deswegen zuerst einmal Getrenntes. Das ist in etwa so, wie wenn die Baustoffindustrie zuerst Gesteine auseinanderbricht, um an die einzelnen Teile, etwa die Mineralien, zu gelangen. Wenn alles auseinandergebrochen, auseinander gesiebt und so in die kleinstmöglichen Teile getrennt ist, werden die gleichen Teile nach neuen Kriterien wieder zusammengemischt und neu zusammengefügt. Sie bilden nun eine Masse, aber keine historisch gewachsene, sondern eine zuerst atomisierte und dann künstlich zusammengesetzte. Die ursprüngliche Verbindung ist verloren gegangen.

Freilich lässt sich das Bild von der Gesellschaft als Konglomerat atomisierter Individuen auch absolut nehmen und dann wäre dieses Bild irreführend. Nur weil in der Warengesellschaft Individuen ihren Zusammenhang als etwas Äußeres erleben, bedeutet dies noch nicht, dass der Zusammenhang nicht von sich aus wirksam sei – „Just because you're paranoid doesn't mean they're not after you". Im Marxschen Verständnis ist die vorindustrielle Gesellschaft kein Gegensatz zur Gesellschaft, Letzteres überhaupt der Überbegriff, wenngleich keine Über-Realität:

„(...) z.B. Proudhon sagt gegen Bastiat (...): ‚Für die Gesellschaft existiert der Unterschied zwischen Kapital und Produkt nicht. Dieser Unterschied besteht ganz subjektiv für die Individuen.' Also grade das Gesellschaftliche nennt er subjektiv; und die subjektive Abstraktion nennt er die Gesellschaft. Der Unterschied zwischen Produkt und Kapital ist grade der, daß als Kapital das Produkt eine bestimmte, einer historischen Gesellschaftsform angehörige Beziehung ausdrückt. Das sog. Betrachten vom Standpunkt der Gesellschaft aus heißt nichts, als die Unterschiede übersehen, die grade die gesellschaftliche Beziehung (Beziehung der bürgerlichen Gesellschaft) ausdrücken. Die Gesellschaft besteht nicht aus (...) Individuen, sondern drückt die Summe der Beziehungen, Verhältnisse aus, worin diese Individuen zueinander stehn. Als ob einer sagen wollte: Vom Standpunkt der Gesellschaft aus existieren Sklaven und citizens nicht: sind beide Menschen. Vielmehr sind sie das außer der Gesellschaft. Sklav sein und citizen sein, sind gesellschaftliche Bestimmungen, Beziehungen der Menschen A und B. Der Mensch A ist als solcher nicht Sklav. Sklav ist er in der und durch die Gesellschaft. Was Herr Proudhon hier von Kapital und Produkt sagt, meint bei ihm, daß vom Standpunkt der Gesellschaft aus kein Unterschied zwischen Kapitalisten und Arbeitern existiert, ein Unterschied, der eben nur vom Standpunkt der Gesellschaft aus existiert."[78]

Die akademische Soziologie des 19. und 20. Jahrhunderts hingegen geht von der Gesellschaft als Summe aller Individuen aus, als Konglomerat, und stellt sich dann die zu lösende Kopfaufgabe, weshalb denn die Individuen nicht gegeneinander und durcheinander laufen. Ist doch die Welt, wie der Augenschein lehrt, zumindest geordnet und berechenbar. Ergo müssten zu der amorphen Masse der Gesellschaft einige ordnende Prinzipien hinzukommen, wie Rolle, Norm, Gruppe, Enkulturation und Sanktionen für jene, die die Normen nicht verinnerlicht haben. Die Voraussetzung für den Prozess der Enkulturation ist aber immer die Gesellschaft als bloße Summe unzähliger Individuen. Das ist aber eine falsche Voraussetzung, denn das Individuum selbst ist ein historisches und kein natürliches Produkt.

Marx spricht in folgender Passage in den „Grundrissen" zwei Fälle an, einmal die persönliche Bindung der Menschen zueinander in der alten Gesellschaft – „Gemeinschaft" im Verständnis der Soziologie oder nach dem „feudale Prinzip", das wir bei Franz Kafka erkennen – und als zweiten Fall die sachliche Bindung der Individuen durch die moderne Gesellschaft. Wir ignorieren, dass Marx den Begriff „Individuum" hier umgangssprachlich für den einzelnen Menschen generell verwendet, den es in jeder Gesellschaftsformation gibt. Wir könnten freilich den Begriff „bürgerliches Individuum" verwenden und damit wären terminologische Unstimmigkeiten ausgeräumt.

„Die Bestimmtheit, die im ersten Fall als eine persönliche Beschränkung des Individuums durch ein andres, erscheint im letztren ausgebildet als eine sachliche Beschränkung des Individuums durch von ihm unabhängige und in sich selbst ruhende Verhältnisse. (Da das einzelne Individuum nicht seine persönliche Bestimmtheit abstreifen, wohl aber äußere Verhältnisse überwinden und sich unterordnen kann, so scheint seine Freiheit im Fall 2 größer. Eine nähre Untersuchung jener äußren Verhältnisse, jener Bedingungen, zeigt aber die Unmöglichkeit der Individuen einer Klasse etc., sie en masse zu überwinden, ohne sie aufzuheben. Der einzelne kann zufällig mit ihnen fertig werden; die Masse der von ihnen Beherrschten nicht, da ihr bloßes Bestehn die Unterordnung und die notwendige Unterordnung der Individuen unter sie ausdrückt.) Diese äußren Verhältnisse sind so wenig eine Beseitigung der ‚Abhängigkeitsverhältnisse‘, daß sie nur die Auflösung derselben in eine allgemeine Form sind; vielmehr das Herausarbeiten des allgemeinen Grundes der persönlichen Abhängigkeitsverhältnisse sind. Auch hier kommen die Individuen nur als bestimmte zueinander in Beziehung."[79]

Freilich bedeutet dies nun auch wieder nicht, dass die Unterschiede zwischen den bürgerlichen und etwa den feudalen Produktionsverhältnissen nicht wirklich (im Sinne Hegels) wären, oder dass es die Unterschiede zwischen der Herrschaft über die Person und die Herrschaft über den Mehrwert nicht gäbe. Es bedeutet aber, dass es sich bei beiden Fällen um Ausbeutungsverhältnisse handelt und dass die bürgerlichen Verhältnisse nur wegen ihrer „Sachlichkeit" nicht weniger mächtig wären als die feudalen. Beide beinhalten die ihnen eigenen Illusionen. Die Illusionen der bürgerlichen ... hier kommen wir wieder auf das Individuum zu sprechen:

„Diese sachlichen Abhängigkeitsverhältnisse im Gegensatz

zu den persönlichen erscheinen auch so (das sachliche Abhängigkeitsverhältnis ist nichts als die den scheinbar unabhängigen Individuen selbständig gegenübertretenden gesellschaftlichen Beziehungen, d.h. ihre ihnen selbst gegenüber verselbständigten wechselseitigen Produktionsbeziehungen), daß die Individuen nun von Abstraktionen beherrscht werden, während sie früher voneinander abhingen. Die Abstraktion oder Idee ist aber nichts als der theoretische Ausdruck jener materiellen Verhältnisse, die Herr über sie sind. Verhältnisse können natürlich nur in Ideen ausgedrückt werden, und so haben Philosophen als das Eigentümliche der neuen Zeit ihr Beherrschtsein von Ideen aufgefaßt und mit dem Sturz dieser Ideenherrschaft die Erzeugung der freien Individualität identifiziert."[80]

Offensichtlich spricht Marx an dieser Stelle die Philosophie der Aufklärung an.

„Der Irrtum war vom ideologischen Standpunkt aus um so leichter zu begehrt, als jene Herrschaft der Verhältnisse (jene sachliche Abhängigkeit, die übrigens wieder in bestimmte, nur aller Illusion entkleidete, persönliche Abhängigkeitsverhältnisse umschlägt) in dem Bewußtsein der Individuen selbst als Herrschen von Ideen erscheint und der Glaube an die Ewigkeit dieser Ideen, d.h. jener sachlichen Abhängigkeitsverhältnisse (...) befestigt, genährt, eingetrichtert wird. (Es ist natürlich der Illusion der ,rein persönlichen Verhältnisse' der Feudalzeiten etc. gegenüber keinen Augenblick zu vergessen, 1. daß diese Verhältnisse selbst innerhalb ihrer Sphäre einen sachlichen Charakter auf einer bestimmten Phase annahmen, wie die Entwicklung der Grundeigentumsverhältnisse z.B. aus rein militärischen Subordinationsverhältnissen zeigt; aber 2. das sachliche Verhältnis, worin sie zugrund gehn, hat selbst einen borniierten, naturbestimmten Charakter und erscheint daher als persönlich, während in der modernen Welt die persönlichen Verhältnisse als reiner Ausfluß der Produktions- und Austauschverhältnisse heraustreten.)"[81]

Aber ist das Individuum, ja selbst der Arbeiter als Individuum, nicht real? Oder ist das Individuum nur eine Chimäre?

„(...) daß das Kapital nicht nur, wie A. Smith meint, Kommando über fremde Arbeit ist, in dem Sinne wie jeder Tauschwert es ist, weil er seinem Besitzer Kaufmacht gibt, sondern daß es die Macht ist, sich fremde Arbeit ohne Austausch, ohne Äquivalent, aber mit dem Schein des Austauschs, anzueignen."[82]

Das ist der reale Kern – die Macht, sich fremde Arbeit ohne Austausch anzueignen. Ist nun aber wiederum der Schein des Austausches nur Ideologie? Auch das wäre ein falscher Schluss. Das Verhältnis zwischen Überbau und Basis ist an diesem Punkt tatsächlich kompliziert, aber an sich sehr wohl entschlüsselbar. Gehen wir es vom Anfang an durch. Zuerst müssen wir den Unterschied und die Einheit von zwei Dingen verstehen: dem Produktionsprozess und der Produktionsverhältnisse. Letztere bilden die Grundlage von Ersterem, beides zusammen aber als Produktionsweise die gesellschaftliche Basis. Die bekannte Stelle bei Marx lautet wie folgt:

„In der gesellschaftlichen Produktion ihres Lebens gehen die Menschen bestimmte notwendige von ihrem Willen unabhängige Verhältnisse ein, Produktionsverhältnisse, die einer bestimmten Entwicklungsstufe ihrer materiellen Produktivkräfte entsprechen. Die Gesamtheit dieser Produktionsverhältnisse bildet die ökonomische Struktur der Gesellschaft, die reale Basis, worauf sich ein juristischer und politischer Überbau erhebt, und welcher bestimmte gesellschaftliche Bewußtseinsformen entsprechen. (...) Auf einer gewissen Stufe ihrer Entwicklung geraten die materiellen Produktivkräfte der Gesellschaft in Widerspruch mit den vorhandenen Produktionsverhältnissen oder, was nur ein juristischer Ausdruck dafür ist, mit den Eigentumsverhältnissen, innerhalb deren sie sich bisher bewegt hatten. Aus Entwicklungsformen der Produktivkräfte schlagen diese Verhältnisse in Fesseln derselben um. Es tritt dann eine Epoche sozialer Revolution ein. Mit der Veränderung der ökonomischen Grundlage wälzt sich der ganze ungeheure Überbau langsamer oder rascher um."[83]

Der Schein des Austausches, den Marx in den „Grundrissen" auf Seite 145 anspricht, bezieht sich auf den Produktionsprozess – nur hier ist äquivalenter Austausch bloß Schein, weil sich das Kapital den Mehrwert unentgeltlich aneignet. Innerhalb der Produktionsverhältnisse jedoch ist der Austausch durchaus kein Schein, sondern ganz real: klingende Münze gegen die Ware Arbeitskraft. Beide Seiten – die Mehrwertaneignung und die äquivalente Bezahlung der Ware Arbeitskraft – sind real. Beide Seiten widersprechen sich nur formal, in Wirklichkeit bilden sie eine Einheit. Nur indem die Arbeit als Ware gehandelt wird, kann sie gerecht bezahlt werden und nur indem sie als Ware verwertet wird, schafft sie den Mehrwert für das Kapital. Die Einheit zwischen beiden Seiten bildet offensichtlich das Wörtchen „Ware". Indem der Arbeiter seine Arbeitskraft verkauft – nehmen wir an: ungeschmälert zu deren Wert – überlässt er den Gebrauchswert Arbeitsfähigkeit dem Kapital, das die Arbeit länger arbeiten lässt, als die Herstellung der Lohn-Güter dauert. Auf der Ebene des Warentausches ist dies gerecht, solange der Preis (Lohn) tatsächlich dem Wert der Arbeitskraft entspricht – das sind deren Reproduktionskosten. Ungerecht wiederum ist es deswegen, weil jede Selbstverwertung des Arbeiters jene Güter am Leben erhält und akkumulieren lässt, die das Abhängigkeitsverhältnis der Arbeit gegenüber dem Kapital schafft. Objektiv reproduziert der Arbeiter die Bedingungen seiner Unterjochung selbst. Nicht aus Dummheit, sondern weil er keine andere Wahl hat.

Auf der einen Seite ist selbst dieser Arbeiter Individuum, ja bürgerliches Individuum, weil er Waren kauft und verkauft, indem er die Reproduktion seiner Arbeitskraft selbst in die Hand nehmen muss. Auf der anderen Seite wird ihm im Produktionsprozess jegliche Souveränität genommen. Diese Einerseits und Andererseits sind im realen Leben nicht gleichwertig, bzw. besser gesagt: sie gleichen sich nicht aus; sie bilden zusammen nicht den Zustand Null. Die Unterjochung ist das, was das soziale Leben prägt. Selbst wenn der Arbeiter zumindest über den Verkauf seiner Arbeitskraft verfügen kann – so beinhaltet diese Souveränität keine Freiheit von den Zwängen des Marktes und stellt ihn als Eigentumslosen an Kapitalgütern dem Eigentumsreichtum des Kapitals gegenüber. Der Ausgang ist klar.

Aber im Bewusstsein – und diese Ebene ist für das Kunstwerk, für die Kunstproduktion und für die Kunstkonsumtion von Bedeutung – spiegelt sich beides wider: die Verwertung der Arbeitskraft im Produktionsprozess und der Handel mit der eigenen Arbeitskraft. Das Eine schafft die proletarische Seite des Bewusstseins, das Andere die bürgerliche. Aber notwendigerweise, nicht als künstliche Ideologie. Auch wenn das bürgerliche Bewusstsein die Illusion der Gleichrangigkeit des Arbeiters zum Beispiel am Arbeitsmarkt beinhaltet und damit die Illusion der Souveränität, so ist diese Illusion notwendig bzw. „wirklich" im Sinne Hegels. Dass auch der Arbeiter ein bürgerliches Bewusstsein haben muss ... das hat schon seine eigene Pointe. Wir nennen diese Bewusstseinsschicht „allgemeines bürgerliches Bewusstsein", weil es ein Bewusstsein der unterschiedlichen Schichten und Klassen im Kapitalismus darstellt. Die Personen dieser Schichten und Klassen nehmen am Warenverkehr teil, der die Grammatik der bürgerlichen Produktionsweise bildet. Das allgemein bürgerliche Bewusstsein wird in der neueren Literatur etwa als „Warenlogik" bezeichnet oder das dazu passende Kalkül bei Charles Bettelheim als „Monetäres Kalkül" angesprochen. Es durchzieht nicht nur die Kunst, es wird von manchen Künstlern explizit thematisiert.

„Sechshundert? sagte ich, weil ich wirklich nicht genau wußte, wer von mir sechs- und wer acht- und neunhundert zu bekommen hatte. Isch denk, so um siwe, sagte Moser, zwaihunnerd gehe ab mit däm Weschel, bleiwe fünfhunnerd plus Diskont-Schpese, was iwr finfhunnerd sins dann. Daß Moser annahm, hinter dem Wechsel, den ich ihm unterschrieben zurückreichte, stehe auch nur ein Pfennig Deckung, machte mich fast stolz."[84]

Das allgemein bürgerliche Bewusstsein bezieht sich immer auf das Individuelle und damit auf die Abgrenzung des Privateigentums gegenüber der Gesellschaft. Das Individuum ist zur Privatheit und zum Privatleben fähig. Das Private ist das Residuum gegenüber der Warenproduktion. Es handelt sich also – zugegeben: blumig formuliert – um die Geburt des Individuums aus der Vergesellschaftung durch den Warenverkehr.

Stehen Individuum und Gesellschaft zueinander als Gegensätze? Oder sind sie Teil eines Widerspruchs? Jedenfalls waren die letzten 50 Jahre nicht arm an Anklagen sowohl gegenüber der „Individualisierung" der Menschen als auch gegenüber der „billigen Massenkultur". Was denn nun? Grob gesagt kam die Klage über die Massenkultur aus der bürgerlich-wertkonservativen und jene über die Individualisierung aus der linken Ecke, die etwa den Niedergang der Arbeiterkultur thematisierte. Dass beide Klagen der Kunst etwas zumuten, was die Kunst gar nicht erledigen kann, ist eine Sache. Die andere: Vielleicht beziehen sich beide, vorderhand gegensätzliche, Klagen auf ein und dasselbe? Oder zumindest auf einen identischen Zusammenhang? Das wäre ja eine schöne Pointe! Vorderhand ist es auch ohne den Bezug auf die Produktivkräfte einsichtig, dass die „billige Massenkultur" sowohl Voraussetzung als auch Antrieb der Individualisierung ist. Gerade weil sie „billig" ist, ist sie im letzten bergischen Weiler für irgendein Individuum zu haben. Gerade weil sie „massig' ist und somit eine Vergesellschaftung bedeutet, schafft sie das Bedürfnis, sich von ihr selbst abzuheben. Letzteres ist möglich, da es sich um die Konsumsphäre handelt. Würde es sich hingegen um die Produktionssphäre handeln, wird die Geschichte in überindividuellen Epochen und nicht in der Abfolge von Moderichtungen geschrieben:

„Je tiefer wir in der Geschichte zurückgehen, je mehr erscheint das Individuum, daher auch das produzierende Individuum, als unselbständig, einem größten Ganzen angehörig (...) Erst in dem 18. Jahrhundert, in der ‚bürgerlichen Gesellschaft', treten die verschiednen Formen des gesellschaftlichen Zusammenhangs dem einzelnen als bloßes Mittel für seine Privatzwecke entgegen, als äußerliche Notwendigkeit. Aber die Epoche, die diesen Standpunkt erzeugt, den des unabhängigen vereinzelten einzelnen, ist grade die der bisher entwickeltsten gesellschaftlichen (allgemeinen von diesem Standpunkt aus) Verhältnisse. Der Mensch ist im wörtlichsten Sinn ein zoon politikon, nicht nur ein geselliges Tier, sondern ein Tier, das nur in der Gesellschaft sich vereinzeln kann. Die Produktion des vereinzelten einzelnen außerhalb der Gesellschaft – eine Rarität, die einem durch Zufall in die Wildnis verschlagnen Zivilisierten wohl vorkommen kann, der in sich dynamisch schon die Gesellschaftskräfte besitzt – ist ein ebensolches Unding als Sprachentwicklung ohne zusammen lebende und zusammen sprechende Individuen."[85]

Der interessanteste Satz in diesem Passus ist: „Der Mensch ist (...) ein Tier, das nur in der Gesellschaft (...) vereinzeln kann." An dieser Stelle erinnern wir uns an die Kafka-

Interpretation Max Brods, dass der Einzelne zur Gesellschaft zurückkehren möchte und der Inhalt dieser Deutung bekommt gemessen an der Analyse des Individuums bei Marx eine ganz eigene, absurde Logik. Marx weiter:

„Jedes Individuum besitzt die gesellschaftliche Macht unter der Form einer Sache. Raubt der Sache diese gesellschaftliche Macht, und ihr müßt sie Personen über die Personen geben. Persönliche Abhängigkeitsverhältnisse (zuerst ganz naturwüchsig) sind die ersten Gesellschaftsformen, in denen sich die menschliche Produktivität nur in geringem Umfang und auf isolierten Punkten entwickelt. Persönliche Unabhängigkeit, auf sachlicher Abhängigkeit gegründet, ist die zweite große Form, worin sich erst ein System des allgemeinen gesellschaftlichen Stoffwechsels, der universalen Beziehungen, allseitiger Bedürfnisse und universeller Vermögen bildet."[86]

Marx folgend befinden wir uns gerade in dieser zweiten großen Form der Geschichte. Aber jede Geschichte bedeutet Wandel, also Entstehen wie Vergehen. Und damit kommen wir zu der dritten, zumindest potentiell möglichen Form:

„Freie Individualität, gegründet auf die universelle Entwicklung der Individuen und die Unterordnung ihrer gemeinschaftlichen, gesellschaftlichen Produktivität als ihres gesellschaftlichen Vermögens, ist die dritte Stufe. Die zweite schafft die Bedingungen der dritten. Patriarchalische, wie antike Zustände (ebenso feudale), verfallen daher ebenso sehr mit der Entwicklung des Handels, des Luxus, des Geldes, des Tauschwerts, wie die moderne Gesellschaft in gleichem Schritt mit ihnen emporwächst."[87]

Aber ist nicht der sogenannte Universalgelehrte der Renaissance die vollendete Form der Individualität – und nicht der Jedermann als Warenbesitzer im industriellen Kapitalismus? War in der Renaissance das Individuum nicht auch unabhängiger gegenüber den Verhältnissen, die noch nicht voll kapitalistisch entwickelt waren? Was hat es mit den originären Genies eines Erasmus von Rotterdam, eines Leonardo, eines Galilei auf sich?

„(...) das Ideal der Renaissance ist der uomo universale. Die hervorragenden Humanisten waren Philologen und Historiker, Theologen und Rechtslehrer, Astronomen und Ärzte in einer Person; nicht nur fast alle großen Künstler, auch zahlreiche kleinere waren gleichzeitig Maler, Bildhauer und Architekten und daneben auch noch oft hochbegabte Dichter und Musiker, scharfsinnige Gelehrte und Diplomaten. Das menschliche Talent war damals eben noch nicht künstlich in besondere Kanäle gepreßt, sondern ergoß sich als ein freier Strom befruchtend über alle Gebiete. Wir hingegen kommen heutzutage mit Gehirnen zur Welt, die gleichsam schon gefächert sind. Wir vermögen uns nicht vorzustellen, daß ein Mensch mehr als eine einzige Sache kann. (...) Das Wesen des wahren Künstlers besteht aber gerade darin, daß er alles versteht, allen Eindrücken geöffnet ist, zu allen Daseinsformen Zugänge hat, daß er eine enzyklopädische Seele besitzt. Wir bemerken daher in Zeiten künstlerischer Kultur bei sämtlichen begabten Menschen die größte Vielseitigkeit. Sie beschäftigten sich mit allem und konnten auch alles. In Griechenland war ein Mensch, der für hervorragend gelten wollte, genötigt, in nahezu allem hervorzustechen: als Musiker und Rhetor ebensogut wie als Feldherr und Ringkämpfer. Der Spezialist wurde von den Hellenen geradezu verachtet: er galt als ‚Banause'. Und vollends in der Renaissance war Begabung, virtù, einfach dasselbe wie Vielseitigkeit."[88]

Nach Egon Friedell schafft eine Epoche ihre „großen Männer" (sic!), aber diese prägen wiederum die Kultur ihrer Epoche:

„Der große Mann ist ganz und gar das Geschöpf seiner Zeit;

und je größer er ist, desto mehr ist er das Geschöpf seiner Zeit. Dies ist unsere erste These über das Wesen des Genies. (...) Aber wer sind denn diese Zeitgenossen? Wer macht sie zu Zeitgenossen, zu Angehörigen eines besonderen, deutlich abgegrenzten Geschichtsabschnittes, die ihr spezifisches Weltgefühl, ihre bestimmte Lebensluft, kurz ihren eigenen Stil haben? Niemand anders als der ‚Dichter‘. Er prägt ihre Lebensform, er schneidet das Klischee, nach dem sie alle gedruckt werden, ob sie sich dessen bewußt sind oder nicht. Er vertausendfältigt sich auf mysteriöse Weise. Man geht, steht, sitzt, denkt, haßt, liebt nach seinen Angaben. Er verändert unsere Höflichkeitsbezeugungen, unser Naturgefühl; unsere Haartracht, unsere Religiosität; unsere Interpunktion, unsere Erotik; das Heiligste und das Trivialste: alles (...) die Stimmen der Menschen bekommen einen neuen Akzent."[89]

Am Ende lässt Friedell das Rätsel Individuum schlicht auf sich beruhen und schließt:

„Genie und Zeitalter sind inkommensurabel."[90]

Das ist freilich eine recht unverfängliche Lösung des Rätsels. Sie war allerdings für Friedell als Kulturhistoriker äußerst fruchtbar und rettete sein Werk trotz des ihm eigenen Idealismus vor der noch viel größeren Gefahr des sterilen Schematismus, vor dem wiederum gerade die Anhänger des Materialismus nicht gefeit sind. Wie auch immer, interessant ist, dass Friedell bei den allgemeinen geschichtsphilosophischen Überlegungen gerade zwei Epochen anführt, in denen das „Genie" besonders deutlich hervortritt: das antike Griechenland und die Renaissance Oberitaliens. Das waren aber gleichzeitig jene Kulturen, die vor der Industrialisierung des 18. und 19. Jahrhunderts am stärksten durch protokapitalistische Verhältnisse geprägt waren: Hellas durch die Sklaven-Manufakturen für den Seehandel; Genua, Lucca, Florenz, Venedig und so weiter durch die Akkumulation von Geldkapital. Das Individuum und sein „Genie" florieren in diesem Milieu des Aufblühens der Waren-ökonomie; vielleicht noch mehr als im industriell verwirklichten Kapitalismus. Denn hier ist das Individuum bereits mehr Kunstkonsument als Kunstproduzent.

Genie und Zeitalter sind doch kommensurabel! Aber es fragt sich immer: Welches Zeitalter und welches Genie?

„Es ist gesagt worden (...) daß das Schöne und Große eben in diesem naturwüchsigen, vom Wissen und Wollen der Individuen unabhängigen, und grade ihre wechselseitige Unabhängigkeit und Gleichgültigkeit gegeneinander voraussetzenden Zusammenhang, materiellen und geistigen Stoffwechsel, beruht. (...) Es ist ebenso sicher, daß die Individuen sich ihre eignen gesellschaftlichen Zusammenhänge nicht unterordnen können, bevor sie dieselben geschaffen haben. Aber es ist abgeschmackt, jenen nur sachlichen Zusammenhang als den naturwüchsigen, von der Natur der Individualität (im Gegensatz zum reflektierten Wissen und Wollen) unzertrennlichen und ihr immanenten, aufzufassen. Er ist ihr Produkt. Er ist ein historisches Produkt. Er gehört einer bestimmten Phase ihrer Entwicklung an. Die Fremdartigkeit und Selbständigkeit, worin er noch gegen sie existiert, beweist nur, daß sie noch in der Schöpfung der Bedingungen ihres sozialen Lebens begriffen sind, statt von diesen Bedingungen aus es begonnen zu haben."[91]

Dass sie noch in der Schöpfung der Bedingungen ihres sozialen Lebens begriffen sind ... das ist das Charakteristikum der Renaissance. In dieser Sphäre entsteht das universal gebildete Individuum. Marx weiter:

„Die universal entwickelten Individuen, deren gesellschaftliche Verhältnisse als ihre eignen, gemeinschaftlichen Beziehungen auch ihrer eignen gemeinschaftlichen Kontrolle unterworfen sind, sind kein Produkt der Natur, sondern der Geschichte.

Der Grad und die Universalität der Entwicklung der Vermögen, worin diese Individualität möglich wird, setzt eben die Produktion auf der Basis der Tauschwerte voraus, die mit der Allgemeinheit der Entfremdung des Individuums von sich und von andren, aber auch die Allgemeinheit und Allseitigkeit seiner Beziehungen und Fähigkeiten erst produziert. Auf frühren Stufen der Entwicklung erscheint das einzelne Individuum voller, weil es eben die Fülle seiner Beziehungen noch nicht herausgearbeitet und als von ihm unabhängige gesellschaftliche Mächte und Verhältnisse sich gegenübergestellt hat. So lächerlich es ist, sich nach jener ursprünglichen Fülle zurückzusehnen, so lächerlich ist der Glaube, bei jener vollen Entleerung stehnbleiben zu müssen."[92]

Als Sandro Botticelli 1485 sein später so berühmt gewordenes Gemälde La nascita di Venere in Tempera auf Leinwand setzte, war er selbst bereits das Produkt einer nascita di genio universale e individuale.

Von Immanuel Kant bis Peter Falk

Das Phänomen Individuum durchläuft nicht nur einen realen historischen Entwicklungsprozess, sondern wird zu bestimmten Zeiten auch ideeller Bezugspunkt. Das sehen wir besonders deutlich an Hand der Weimarer Klassik und der bürgerlichen Aufklärung generell. Bei Immanuel Kant ist das Individuum immer in der Wahlfreiheit, moralisch richtig oder falsch zu handeln. Die Souveränität des Individuums bildet die philosophische Grammatik des kategorischen Imperativs:

„Handle so, daß du die Menschheit sowohl in deiner Person, als in der Person eines jeden anderen jederzeit zugleich als Zweck, niemals bloß als Mittel brauchst."[93]

In der Literatur wird an dieser Stelle mitunter der Konnex zum Marxschen Begriff der Entfremdung gebildet.[94] Das ist auch nicht falsch, denn in den Schriften von Marx und Engels der 1840er Jahre wird der absolute Punkt der Entfremdung in der Abkehr des Gattungswesen Mensch gesehen, nämlich indem eine Klasse von Menschen andere ausbeutet, „als Mittel gebraucht" – wie Kant sagt. Bei Marx geht das so:

„Indem die entfremdete Arbeit dem Menschen Natur entfremdet (...) sich selbst, seine eigne tätige Funktion, seine Lebenstätigkeit, so entfremdet sie dem Menschen die Gattung; sie macht ihm das Gattungsleben zum Mittel des individuellen Lebens."[95]

Die entfremdete Arbeit ist jene, deren Ergebnis andere Menschen für sich verwenden. Aus der Entsprechung der Gattung wird das individuelle Kalkül der Ausbeutung. Dass ein Mensch einen anderen zum Mittel seiner eigenen Interessen macht (à la Kant), ist gleichzeitig ein Affront gegen das Gattungswesen Mensch (à la Marx). Im Grunde lässt sich für alle Passagen bei Marx, die auf den Begriff Entfremdung Bezug nehmen, ein Konnex zu Kant herstellen – ungeachtet sonstiger realer oder fiktiver Zusammenhänge zwischen Marx und Kant. Es gibt einen inhaltlichen Überschneidungspunkt, jedoch nicht in der „Grammatik". Denn in dieser geht Kant vom Individuum aus, Marx vom Kollektiv, also der Gattung und der Klasse. Kant sieht den Imperativ überhistorisch gültig, Marx kennt die Begriffe Gattung und Klasse nur in deren historischen Dimension.

Immanuel Kants Perspektive war die des Individuums, dem unterstellt wird, die Wahlfreiheit zwischen einem Leben in Entfremdung und einem Leben ohne Entfremdung zu haben. Diese Wahlfreiheit gibt es in Wirklichkeit für das Individuum nicht, die Entfremdung ist Element jeder Klassengesellschaft. Und das Individuum hat nicht die Wahlfreiheit, der Klassengesellschaft nicht anzugehören, es wird in diese hineingeboren. Auch an diesem Punkt sehen wir den Unterschied zur Grammatik der akademischen Soziologie, wie weiter oben angesprochen. Diese hat hier, in der philosophischen Grammatik, mit Kant einen Überschneidungspunkt.

Die Perspektive von Marx war hingegen nicht ein bestimmter Mensch. Marx hätte nie behauptet, Individuen hätten die Alternative zwischen Entfremdung einerseits und der Entsprechung ihres Gattungslebens andererseits. Gleichzeitig ist auf der anderen Seite bei Marx die Entfremdung nicht von Natur aus vorgegeben, quasi als Schicksal. Sie ist doch ein Produkt der menschlichen Geschichte und erfüllt sich darin selbst. .

Aber weshalb erfüllt und worin erfüllt sich die Weltgeschichte der Entfremdung? Ausbeutung und Unterdrückung bilden den Stoff der ökonomischen Akkumulation und diese bildet den Stoff des Fortschritts der Produktivkräfte, der Technik, der Arbeitsproduktivität. Allein mittels dieser „Vorgeschichte" wird die Grundlage der wirklichen Geschichte eines Lebens ohne Ausbeutung, geschrieben. Die Urgesellschaft entwickelt zuerst die Technik der Nahrungsmittelproduktion, die erste Logistik der Lagerhaltung und beginnt mit der Metallurgie – in Europa zum Beispiel vermutlich in Form der Glockenbecherkultur. Diese urgesellschaftliche Akkumulation ermöglicht erst die Arbeitsteilung, ersten Reichtum, das Phänomen des Eigentums und damit die Herausbildung unterschiedlicher Gesellschaftsklassen. Und erst diese gesellschaftliche Differenzierung ermöglicht die nächste Stufe der Akkumulation, die durch Raub, Zwang und Ausbeutung geprägt ist. Und erst diese Akkumulation ermöglicht schließlich den Reichtum, zum Sozialismus überzugehen und damit wiederum jene gesellschaftliche Arbeitsteilung und die Differenzierung in Klassen, die Voraussetzung der Entwicklung waren, aufzuheben. In dieser Dialektik ist das Schlechte die Voraussetzung des Guten, das Verbrechen gegen die Gattungsnatur des Menschen die Voraussetzung der eigentlichen Verwirklichung der Gattung. Bei Immanuel Kant hingegen ist das Schlechte einfach nur schlecht – wiewohl Kant in der Naturbetrachtung wiederum sehr wohl dialektische Denk- und Erklärungsmodelle verwendet hat.[96]

Der kategorische Imperativ mag im besten Falle deutlich machen, wie die Realität der Entfremdung sich gegen das Gattungswesen Mensch richtet – aber er sagt uns nichts über das Zusammenleben in einer ausbeutungsfreien Gesellschaft. An seinem positiven Ende ist dieser Begriff kraft- und inhaltslos. Angenommen, die Menschen planen gemeinsam die Produktion und stimmen sich gemeinsam bezüglich der Konsumtion der Güter ab – auch und erst recht hier macht das Individuum andere zu seinem Mittel. Ja, die größte Produktivkraft der

Ökonomie, die Zusammenarbeit vieler Menschen, die Arbeitsteilung und die Vergesellschaftung der Produktion bedeuten immer auch, dass einer den anderen benutzt. Auf dieser individuellen Ebene kann der Unterschied der Produktionsweisen auf Basis des kategorischen Imperativs nicht erfasst werden, mit dem Konzept der Entfremdung aber sehr wohl. Wie auch immer, wenn Immanuel Kant in eine Reihe mit Karl Marx gestellt wird, kann Kant nur „abstinken" und kleiner werden, als er eigentlich war. Auf seinem historischen Platz aber – also innerhalb der Aufklärung, innerhalb der Phase der bürgerlichen Revolution gegen den „alten Staat" und die feudalen Vorrechte – war Kants Leistung auf der philosophischen Front dieses Kampfes alles andere als bescheiden. Und nur diese historische Bewertung ist die Perspektive Marx' und Engels' gewesen.

Das Individuum bleibt indes in der Kunst des Bürgertums die bestimmende Recheneinheit. Wenn man so will: die Grammatik; genauso wie in der Philosophie Kants und anderer Aufklärer. Es ist, als hätte das Individuum um die Zeitenwende des 18. zum 19. Jahrhundert in einem tollkühnen Manöver das Pferd gewechselt, jenes der Philosophie gegen jenes der Kunst. Im Kapitalismus spaltet sich die Produktionssphäre von der Konsumtionssphäre. Und so spaltet sich die Betrachtung der Kunst als gesellschaftliches bzw. historisches Phänomen auf in die Themen Kunstproduktion und Kunstkonsumtion. Beide Prozesse können auseinanderfallen: Als das junge Bürgertum sich im 19. Jahrhundert der antiken Kunst zuwandte, die Nationalmuseen entstanden und mit Raubgütern aus dem Mittelmeerraum gefüllt wurden, entdeckte es in und durch die Kunst seine Individualität. Die Kunst berührte etwas an dem eigenen Sein, oder wie Friedell so schön sagte:

„(...) die Stimmen der Menschen bekommen einen neuen Akzent."[97]

Dass Kunstproduktion und Kunstkonsumtion derart auseinanderfallen können, liegt am rein stofflosen, geistigen, höchstens emotionellen Charakter der Kunstkonsumtion. Kunst ist
ökonomisch sinnlos, aber sie kann zu bestimmten Momenten
politisch höchst bedeutsam sein, wovon wir im nächsten Kapitel
über das Verhalten der bürokratischen Diktaturen in Osteuropa zu Kafka & Co noch hören werden. Doch nun wieder einen
Schritt zurück: Dass Kunstproduktion und Kunstkonsumtion
derart auseinanderfallen können, fällt wiederum trefflich zusammen mit der Entstehung der Privatheit im bürgerlichen
Zeitalter. Der Konsument – und so auch der Kunstkonsument
– ist nun überhaupt nur noch als Privatperson denkbar, auch
wenn die Konsumtion in einer großen Masse, wie etwa bei einem Konzert oder einer TV-Liveübertragung, stattfindet. In
diesem Fall handelt es sich um eine abgesprochene Allianz
unzähliger Privatpersonen. Aber die alte und selbst noch die
mittelalterliche Kunst entstanden überhaupt nicht aus der
Hand von Individuen für Privatpersonen. Die Privatheit ist –
wie bereits angedeutet – überhaupt erst das Produkt der Warengesellschaft, respektive des Lohnarbeitsverhältnisses. Hier
treten Kapital und Arbeiter einander unpersönlich gegenüber.
Auch wenn sich die Arbeiter im Produktionsprozess dem Kapital völlig unterordnen müssen und es mit der Freiheit des
Warenbesitzes vorbei ist, so ist der Arbeiter mit Dienstende
vorübergehend befreit von der Beziehung zum Arbeitgeber –
jetzt ist er „privat". Und wechselt er seinen Arbeitgeber, ist er
zwar noch immer Teil seiner Klasse, tritt aber doch wieder in
der Rolle der Privatperson auf, die etwas um ihren Lohn zu
kaufen hat. Vielleicht auch Kunst. Und nach dem Kunstgenuss
fängt irgendwann das gesellschaftliche Sein als Produzent der
Warengesellschaft wieder an und mit der Privatheit ist es dann
bald wieder vorbei. Kunst kann aufrüttelnd sein, erhebend,

verunsichernd und die Welt vorübergehend aus den Angeln heben ... aber montags um halb sieben ist dies alles kaum noch relevant. Das „entwertet" die Kunst im bürgerlichen Zeitalter gegenüber jener alten Kunst, die vielleicht ganz schlicht nur für eine Landesfürstin da war, für einen Landpfleger, einen Vogt, eine Äbtissin, einen Grundbesitzer, einen vermögenden Bauern, der aus Dankbarkeit für die Heilung nach einer langen Krankheit einen Bildstock an der Flurgrenze stiftet. Das war bescheiden, aber öffentlich. Einfach deswegen, weil die gesellschaftlichen Verhältnisse die Privatheit noch nicht kannten und im Feudalismus alles öffentlich war. Karl Marx hatte diese vorkapitalistischen Verhältnisse in seiner Frühschrift über die Judenfrage als „politisch" bezeichnet. Politisch in dem Sinne, dass jedes gesellschaftliche Verhältnis direkt persönliche Über- bzw. Unterordnung ausdrückte. Das Mittelalter war voller komplizierter, verschachtelter Verhältnisse. Aber sie waren trotz Kompliziertheit auch direkt, unverhüllt, unzynisch, unzweideutig, ohne Vermittlung. Nur deswegen erleben wir mitunter die alte Kunst als so langweilig, so harmonisch und so dekorativ. Während umgekehrt in der Marktwirtschaft jeder Marktteilnehmer formal die gleichen Rechte ausübt und sich erst indirekt und maskiert das reale Verhältnis äußert.

Das Mittelalter kannte kein gesetzlich geschütztes Privatleben. Alles, auch die Kunstkonsumtion, war öffentlich, auch wenn man gerade alleine war. Die Kunstproduzenten waren im Besitz exklusiver Produktionsmittel und wachten eifersüchtig darauf, sie nicht allgemein werden zu lassen. So gut wie alle bildenden Künstler waren in Werkstätten organisiert. Für Neue war es sehr schwierig, aufgenommen zu werden. War man als Geselle aber Teil der Produktion, hatte man Anteil an exklusivem Wissen. So ist es kein Zufall, dass aus den Bauhütten des Mittelalters geheime Gesellschaften und Orden entstanden.

Giorgio Vasari hinterließ uns eine eindrucksvolle Beschreibung der Renaissance-Werkstätten.[98] Der Produzent war so gut wie nie allein, als Individuum, sondern ohne seine Helfer, Vor- und Nacharbeiter nicht denkbar. Eine andere Option gegenüber den lukrativen Werkstätten war das Mäzenatentum, wie es bis ins 19. Jahrhundert, vor allem in den eher rückschrittlichen Gegenden Europas, wie Österreich, Preußen und Russland verbreitet war.

Die ganz alte Kunst, die Kunst der großen Bewässerungskulturen sowie die Kunst des europäischen Feudalzeit inklusive Byzanz, hatte eine gemeinsame Klammer: Sie kannte kein Individuum, sondern „nur" Typen, genauso wie die Konsumenten nicht als private Individuen möglich waren. Wir können die für uns rätselhafte Schönheit der Artefakte nur bestaunen, aber wir tun uns schwer, sie richtig zu deuten, eben weil wir Individuen sind. Selbst gegenüber Chartres und Bourges müssen wir in die Rolle eines Ethnologen schlüpfen. Mit dem Zerfall des Hochmittelalters ab dem Ende des 13. Jahrhunderts tritt ein neues Element herein. In der Malerei trat im 14. Jahrhundert die Ikonographie des Hochmittelalters zurück und bereits um 1300 entstehen die ersten echten Porträts seit der Spätantike. Darin entspricht das Gesicht nicht mehr einfach einem Idealtypus, sondern nimmt die Rolle der Fotografie ein, das auch zufällige, individuelle Eigenarten mit aufnimmt. Um 1350 entstand die bemerkenswerte Profildarstellung Johann II. des Guten, König von Frankreich.[99] Ein anderes Beispiel wäre das Portrait Herzog Rudolph IV., des Stifters.[100] Diese Gemälde wären bloß hundert Jahre zuvor in Europa nördlich der Alpen schlicht undenkbar gewesen. In Oberitalien tritt der soziale Hintergrund der Revolution auf dem Gebiete der Malerei besonders deutlich hervor, als hier die großen Bankhäuser als fortschrittliche Auftraggeber in Erscheinung traten – vgl. etwa die Fresken der Giotto-Werkstatt 1315–1320 der Bardi-Kapelle in Santa Croze (Florenz). Nun wurde die „maniera greca" in der Malerei überwunden. Angeblich war es Giotto, der als erster den Himmel im Hintergrund der Personendarstellung blau statt in Gold ausführte. Noch bevor die ersten echten Portraits seit der Antike angefertigt wurden, entdeckte man die Perspektive für die räumliche Darstellung. Sie findet sich bereits in den erstaunlichen Gemälden eines Guido da Siena oder eines Giovanni Cimabue in der zweiten Hälfte des 13. Jahrhunderts, die Figuren selbst sind noch „maniera greca" – also anti-individuell byzantinisch gehalten. Es ging aber auch genau umgekehrt:

„Cimabue ahmte zwar jene Griechen nach, vervollkommnete aber die Kunst, da er ihr einen großen Teil jener rohen Manier nahm, (...) Hierauf malte er auf Goldgrund einen heiligen Franziskus nach der Natur, so gut er es konnte, was in jenen Zeiten etwas Neues war."[101]

Das erste Portrait im heutigen Sinne ist vielleicht Giottos Darstellung der Ausrufung des Heiligen Jahrs 1300 durch den Papst. Ganz bezeichnend ist die zeitgenössische Kritik, die gegenüber der Giotto-Werkstatt geäußert wurde: Seine Darstellungen religiöser Themen seien zu realistisch und damit zu weltlich geraten. Die Kritik hatte ganz recht: Es klopfte bereits die neue Zeit an die Türe, die Epoche des Geldes, der Banken, des Warenumlaufs, der Kapitalismus anstelle der Feudalabgaben. Die realistische Darstellungsweise entsprach nebenbei auch dem Aufstieg der Wissenschaft, die die Religion als zentrale Sinnproduktion nach und nach ablöste. Zwischen den Naturwissenschaften und den Werkstätten, die die Aufträge zur Neu- und Umgestaltung der Sakralbauten annahmen und damit deren Meister zu Vermögen brachten, bestand ein klarer Zusammenhang. Die Funktion der bildenden Kunst wandelt sich von einer Relation der herrschenden

Klasse zu der beherrschten, wie es für das Hochmittelalter und die alten Reiche kennzeichnend war, zu einer der Konkurrenz zwischen verschiedenen Privatunternehmern wie im antiken Griechenland. Deswegen verstehen wir die Antike leichter als das anti-individuelle Hochmittelalter. Die Kunstkonsumtion war öffentlich, aber die Produktionssphäre privatwirtschaftlich als Handwerksbetrieb organisiert. Die Gildenstruktur schob dem Blick der Allgemeinheit in die Werkstatt und deren mysteriösen Kunstfertigkeiten einen Riegel vor. Deswegen blieb die Kunstproduktion lokal, der Wirkungskreis der Produktion war regional begrenzt und konnte deswegen als Wissensmonopol über Jahrzehnte, ja Jahrhunderte geschützt werden. Das ist heute anders, trotz Copyright und sonstiger Verwertungsrechte auf der Ebene des „Überbaus".

Heute ist die Kunst-Produktion öffentlich, ja fast schon vergesellschaftet, während umgekehrt die Kunst-Konsumtion privat ist, von Millionen Privatpersonen durchgeführt. Die Kunstproduktion ist im Film- und Verlagswesen ein kapitalgetriebenes Geschäft – klar, was sonst? Der einzelne Kunstarbeiter kann sich mitunter einbilden, Privatproduzent und damit „unabhängig" zu sein. Umso besser der Künstler, umso eher tritt diese Illusion ein. Sofort führt dies zum Konflikt mit dem Kapital. Peter Falk zum Beispiel war als Inspektor Columbo so gut, dass er sich zum Teil selbst mitspielte, nicht nur den Inspektor. Columbo und Falk verschmolzen zu einer Einheit, auch wenn der Kunstproduzent Falk dies später in einem Interview bedauern sollte. Er nahm seine eigenen Requisiten mit, griff in die Regie ein, übernahm mitunter gleich ganz Regie, kultivierte seine liebevollen Marotten, und verwendete die Einschaltquoten und die Medienpräsenz als Argument, um seinen Marktpreis anzuheben. Dennoch scheiterte er, seine Gagenvorstellungen durchzusetzen, und die Serie wurde in den 1980er Jahren vorerst eingestellt. Das bedeutet aber nichts anderes, als dass selbst ein erfolgreicher „Kunstunternehmer" gegenüber dem Kapital im Zweifelsfalle den Kürzeren zieht. Das ist jetzt keine vulgäre Anklage an das Kapital, immerhin ermöglichte Letzteres etliche Staffeln der Serie. Aber es bedeutet nüchtern gesagt: Selbst eine so singuläre Erscheinung wie Peter Falk, der seine Persönlichkeit verfilmen durfte, ist als Produzent kein wirkliches Individuum und kein Privatproduzent. Nur die anonyme Masse der Columbo-Konsumenten ist privat, wenngleich nicht „individuell". Aber das ist wiederum eine andere Geschichte.

Wenn Kunst in einer Warengesellschaft hergestellt wird, prägt diese die Form mit. Zumindest bis zu einem bestimmten Grade. Haben The Beatles Ende der 1960er Jahre ihre klassische Form längst erreicht, trennt sich die Formation. Yoko Ono fungierte hier als Katalysator. Die Trennung ersparte uns die Entzauberung, die eine altgewordene Formation – wie etwa die der Rolling Stones – zwangsläufig mit sich bringt. Aber die Trennung war auch deswegen gut möglich, weil die bislang hergestellten Kunst-Produkte finanziell genug einbrachten. Dennoch ist hier der Künstler in seiner sozialen Stellung Kleinbürger und nicht Bourgeois. Anders die Stellung von Matt Groening und den anderen Machern der Kultserie The Simpsons. Sie sind weit mehr Angestellte der Industrie, in diesem Fall von Fox, als Handwerker. Und deswegen können sie leider nicht Schluss machen, auch wenn der Zenit der Serie bereits längst überschritten ist. Hier ist gerade der große Erfolg als Ware das Hindernis für weitere Qualität als Kunst.

Die Simpsons zeigen deutlich die „Karriere" einer erfolgreichen Serie. Zu Beginn, sagen wir bis Staffel 10, ist das Potential nur angelegt, aber noch nicht ausgebaut, die Charaktere sind noch ungeschliffen, sie haben noch Ecken und Kanten, die der Eingängigkeit Widerstand leisten. Erst in der klassischen

Form können Groening & Co wie Romanciers vorgehen: Bei der
Erwartung des Publikums, die die vorklassische Periode bereits
kennen, ansetzen und dieses Publikum immer wieder aufs Neue
in eine eigene Welt entführen. Das ist weder modern noch post-
modern, sondern vormodern. Die klassische Form haben The
Simpsons ungefähr von Staffel 10 bis 20 erreicht. Rein zeichen-
technisch gesehen war da daraufhin mittels Computersimula-
tion noch Optimierung drinnen, die später auch ausgeschöpft
wird, aber keine Verbesserung der Serie an sich bringt. Im Gegenteil. Homer und Bart leben ja gerade deswegen mit uns, weil
sie handeln, statt zu denken. Auch wenn Homer dabei als däm-
lich wegkommt, eins hat er uns voraus: Jeder Morgen, der über
Springfield hereinbricht, legt die Karten neu. Homer ist gerade
nicht belastet von seiner eigenen Vergangenheit, das macht –
insofern ganz folgerichtig – bei all seinem gedankenlosen Ego-
ismus auch seine Großherzigkeit aus. Später aber: So als hätte die Figur Homer seine eigene klassische Form im Kopf rea-
lisiert, fällt er unter der Last seiner eigenen Klassik in sich
zusammen. Aus dem Draufgänger wird ein altkluger Alltags-
Philosoph; statt einfach nur etwas tun, ist das Räsonieren über
das Tun angesagt. Auch Bart verliert seine Ursprünglichkeit
und wird zum traurigen Verwalter seiner ehemaligen Streiche.
Die postklassische Periode ist somit davon gekennzeichnet, dass
die Figuren von ihrer eigenen Klassik erdrückt werden. O.k.,
das war jetzt etwas zu blumig formuliert. Aber dennoch, es ist
interessant: Hätte sich Matt Groening nach der Staffel 15 oder
20 von den Simpsons ab- und sich ausschließlich dem späteren
Futurama zugewandt, alles wäre wie bei Columbo gut geworden. Aber Groening hatte vermutlich keine Wahl, Fox diktiert
das Geschehen. Und kann sich überhaupt ein Einzelner gegen
die Unterhaltungs-Industrie auflehnen? Das Team von The Big
Bang Theory versuchte bei der Industrie mehr Gage durchzu-

setzen – und gewann.

„Im März 2014 wurde die Serie um drei weitere Staffeln (8 bis 10) verlängert, sodass sie nun bis mindestens 2017 laufen wird. Die drei wichtigsten Hauptdarsteller Jim Parsons, Johnny Galecki und Kaley Cuoco erhalten für ihren über diese drei Staffeln laufenden Vertrag jeweils eine Gage von einer Million US-Dollar pro Folge."[102]

Aber mit welchem Ergebnis? Bereits in der Staffel 7 ist der Zenit erreicht. Die Frage, wozu es die Serie noch gibt, seitdem Penny und Leonard fix zusammen sind, Leonard und Penny das L-Wort erfolgreich ausgetauscht haben und Raj mit Frauen sprechen gelernt hat, wäre ein unlösbares Rätsel ... wenn es nicht um den schnöden Mammon gehen würde. Andererseits ermöglichte gerade das Geld die Kunst der TBBT. Inhaltlich ist die Serie längst das Opfer ihrer eigenen Klassik, wobei es hier schneller als bei den Simpsons zuging, da die Klassik bereits in den ersten Staffeln erreicht war. Heutzutage beginnt alles bereits etwas professioneller. Umso besser gemacht, umso schneller schlecht – könnte man sagen. Und nun genießen wir in TBBT den x-ten Aufguss der ewig gleichen Konflikte, deren Abarbeitung ihre eigene Komik längst verloren ging, weil wir als Kunst-Konsumenten die klassische Form bereits kennen dürfen. Auch hier ging mit dem Übergang zur postklassischen Periode der Übergang zum bloßen Räsonieren vonstatten, wobei die Wegstrecke zu diesem Punkt kürzer als bei den Simpsons war.

Anders verhielt es sich, wie angedeutet, mit der Serie „Inspektor Columbo". Peter Falk versuchte, nachdem ihn das TV-Publikum der USA der 1970er Jahren liebgewonnen hatte, von NBC höhere Gagen für sich durchzusetzen und verlor (1978). Die Serie gewann, weil sie daraufhin eingestellt wurde. Ein Jahrzehnt später wurde sie wiederaufgenommen. In der Staffel

8 – mittlerweile schreibt man das Jahr 1989 und Peter Falk ist bereits grau meliert – ist Columbo leitender Lieutenant und setzt auch sonst weit weniger auf die Masche freundlich-ungeschickt-inkompetent. Dafür kommt ein neues Thema hinzu, das in den Staffeln 1-7 bis auf Ausnahmen ein Schattendasein fristete: die Teamarbeit. Nun ist Columbo nicht nur der Einschuler für junge detectives, sondern mitunter Teil eines Teams. Die Teamarbeit, die in der realen Ökonomie seit den 1990er Jahren immer wichtiger wurde, um die Produktivkraft Mensch zu optimieren, wurde im klassischen skandinavischen Krimiformat nach Wallander ein eigenes Thema. Ja, die Figur Kurt Wallander ist ohne Team gar nicht denkbar, während z.B. der alte Maigret von Georges Simenon mit einem Team an Reiz verloren hätte. Aber den Inspektor als Teil eines Teams gab es im Krimi der 1920er und 1930er Jahren genauso wenig wie den Teamarbeiter in den realökonomischen Automobilfabriken. Für diesen hätte sich keine Verwendung gefunden; ja, ein Teamarbeiter wäre damals als unbelehrbarer Spinner aus den Betrieb geflogen.

Zurück zu Peter Falk. Jede Folge Columbo war auch gleichzeitig ein singulärer Film mit unterschiedlichen Regisseuren und jeweils eigener Filmmusik, die in den 1970er Jahren eine noch weit größere Rolle spielte als heutzutage. In der letzten Folge mit dem Titel „Die letzte Party" (2002) macht Peter Falk am Ende tatsächlich eine Art Verabschiedung von seinem Publikum und geht aus der Türe für immer. Wenig später (2007) wurde seine Erkrankung an Morbus Alzheimer bekannt.

Eine Columbo-Folge ist mit an die 100 Minuten Dauer etwas langatmig. Aber zumindest das Schicksal vieler Serien, nach dem Erreichen der ihr eigenen klassischen Form unnötig zu werden, wurde dem Publikum erspart. Das ist schon was. Und ja, ein klein wenig war Peter Falk an diesem Erfolg als Künstler beteiligt, spielte den selbstständigen Künstler gegen den bloßen Angestellten der Filmindustrie aus. Denn mitunter zog er seine Hacken gegen den Willen der Produzenten und quer zur Logik der Serie. In der Folge „Last Salute To The Commodore" (1976, Regie: Patrick McGoohan) geschieht oft gar nichts, was für den Plot irgendwie relevant wäre, dafür sind Falks Körpereinsatz und die Kameraführung so volatil, als wäre Columbo betrunken, verkatert oder zumindest seekrank. Der Verdächtige muss in Falks Peugeot 403 eingezwängt Platz nehmen und wird auch sonst immer wieder von Columbo betatscht und geradezu körperlich belästigt ... bekommt aber von den Ermittlern bereits in der Mitte des Films zu hören, welchen Faktor er als Mörder vernachlässigt hätte: „Die Zeit!" und der junge Detective möchte es Columbo gleichtun und wiederholt möglichst bedeutungsschwer: „Die Zeit!". Ein großartig schräges Filmereignis.

Zumindest so viel können wir aus der Geschichte der drei zitierten TV-Serien mitnehmen: Die Kunstsphäre (Kunstproduktion und Kunstkonsumtion) basiert in der Warengesellschaft auf der Grammatik des Individuums und der Individualität, nicht auf der Grammatik des Persönlichen wie im europäischen Mittelalter. Das Individuelle und die Ware – sie hängen zusammen, aber sie stehen auch in einem dialektischen Widerspruch zueinander: Die Qualität kann unter diesen Voraussetzungen nur durch Individualität entstehen. Die Individualität bedeutet auch relative Souveränität gegenüber dem Produktionsprozess. Aber der Produktionsprozess wird durch den Kapitaleinsatz bestimmt. Der Kapitaleinsatz wiederum verwirklicht die Kunst und lässt somit Individualität zu. Aber sobald der Künstler seine Individualität als eigenes Produktionsmittel missversteht, über das er selbst verfügen kann, lautet die Antwort des Geldes: Entweder du gibst mir Deine Individualität oder ich nehme Dir deine Kunst.

Das ist nicht als Vorwurf gemeint, ganz im Gegenteil. Der nostalgische Seufzer, dass „heutzutage Kunst bloß Ware sei" ist ja an Tiefgang kaum zu unterbieten. Was denn sonst, wenn alles um uns herum Ware ist? Immerhin aber deckt die Perspektive, die Kunstsphäre nicht als Inhalt, sondern als Produktion und Konsumtion zu betrachten, mehr gesellschaftliche Verhältnisse auf und sagt damit mehr über die Kunst aus. Gerade die marxistische Kunstkritik des 20. Jahrhunderts tappte mitunter in jene Falle, den ideologischen Gehalt eines Kunstwerkes vom Inhalt her ableiten zu wollen, statt von den Produktions- und Konsumtionsverhältnissen. Insofern wäre es auch genauer, statt von „bürgerlicher Kunst" von „Kunst im bürgerlichen Zeitalter" oder von „Kunst unter bürgerlichen Produktionsverhältnissen" zu sprechen. Aus dieser Perspektive zeigt sich zum Beispiel, dass die Kunst unter bürgerlichen Verhältnissen ihren lokalen und regionalen Charakter verliert, zu einem Ding wird, das auf der ganzen Welt verhandelt werden kann. Zeit ist die Vernichtung des Raumes – wie Karl Marx an einer Stelle in den „Grundrissen" sagt. Als Ware ist keinem Ding eine Grenze gesetzt. Insofern nimmt es aber schon Wunder, wenn die Globalisierung der Kunst gerade von Bürgerlichen bitter beklagt wird.

„Die Sorge vieler Kulturtreibender fasst Prof. Christian Höppner, Präsident des Deutschen Kulturrates, zusammen. ‚TTIP ist mehr als Chlorhühnchen', sagte Höppner. Der Abbau von Handelsschranken sei nur ein Aspekt. TTIP betreffe auch Kultur, Bildung und Wissenschaft. Das Abkommen ziele darauf, ‚Kultur dem wirtschaftlichen Verwertungsprozess zuzuführen'. Dabei werde nationales Recht ausgehöhlt: ‚Die Kulturhoheit können wir salopp gesagt in der Pfeife rauchen.'"[103]

Höppner befürchtet also, dass die Kultur „dem wirtschaftlichen Verwertungsprozess" zugeführt wird. Das ist wundersam.

Wenn es der Kapitalismus bislang nicht geschafft hätte, Kultur monetär zu verwerten, dann würde es auch TTIP nicht schaffen. Kapitalismus prägt allem den Warenstempel auf, aber dennoch existiert lebendige Kultur. Und sie existiert nicht deswegen, weil sie von Staats wegen geschützt und subventioniert wird, sondern weil sie im besten Fall gelungener Ausdruck unserer Welt und der bestehenden Produktionsverhältnisse ist. Trifft dies das Kunstwerk so, dass etwas, was unsichtbar längst da ist, plötzlich reflexiv erlebbar wird, so setzt sich diese Kunst auf Dauer durch und verdrängt das Mediokre, auch wenn Letzteres von Staats wegen geschützt ist. Immanuel Kant wurde in seinem Spätwerk durch die preußische Zensur gemaßregelt, Georg Büchner musste gar vor der großhessischen Polizei über den Rhein in das damals französische Straßburg fliehen, während private Verleger in Deutschland wie Karl Gutzkow im 19. Jahrhundert und Peter Suhrkamp im 20. Jahrhundert weit mehr zur Kulturentwicklung beitrugen als alle staatlichen Preise, Subventionen und sonstiges Regelwerk zusammen. Das Beste, was der Staat in Sachen Kultur unternehmen kann, ist: genau nichts! Einfach nur gewähren und wachsen lassen wie die Flora in einem englischen Garten. Der liberale Nachtwächterstaat ist der beste Dienst an der Kultur. Eine staatlich verordnete Kultur hingegen ist per se ein Josephinismus, also ein Obrigkeitsverein, und das Weltbild von Kulturschaffenden, die hauptsächlich auf die staatliche Subvention schielen, ist dementsprechend auf sich selbst bezogen, rücksichtsvoll, bescheiden, dienend und schrebergartenhaft. Das ist per se denunziatorisch: Da Fördermittel immer endlich sind, ist immer der bzw. die Andere statt das Eigene zu Unrecht bedient. Statt mit dem „eigenen" Staate eine angebliche Kulturhoheit zu verteidigen, lohnt sich die gegenseitige transatlantische Inspiration weit mehr, etwa von der US-Underground-Literatur. „Kulturhoheit" – endet die Kultur an der Staatsgrenze? Kulturhoheit – ein ebenso fürchterliches Wort wie ein entlarvender Begriff.

Ernsthaft: Offensichtlich gibt es in der Kunstsphäre nicht nur die Produktion und die Konsumtion, sondern auch die Vermittlung zwischen diesen. Die Vermittlung besteht aus Kunstexperten, Kuratoren, Lektoren und so weiter. Aber wie immer hat die Vermittlung so ihre Tücken, wenn sie sich von einer dienenden Funktion zu einer sich selbst bedienenden Rolle aufschwingt. Wir haben diesen Prozess an Hand des Phänomens der Bürokratie in den ersten beiden Kapiteln dieses Buches bereits kennengelernt. Nun könnte man in Analogie zu den ökonomischen Begriffen ja sagen, die Kunst-Vermittlung ist einfach nur die Distributionssphäre, genauso wie die normale Warenproduktion im Kapitalismus die Distribution benötigt, um die Waren an den Mann und die Warenwerte an das Kapital zu bringen. Aber diese Analogie ist falsch. Denn die Distribution besorgt in der Kunstsphäre bereits einfach das Wertgesetz, das Geld, der Tauschwert. Genauso wie bei allen anderen Waren benötigen die Konsumenten zwar etwas Geld, um in den Genuss zu kommen, aber sie benötigen durchaus keine eigene Bürokratie, die ihnen den Gebrauchswert der Waren erklärt bzw. – noch schlimmer – ihnen bestimmte Gebrauchswerte zur Verfügung stellt und andere nicht.

Nun könnte an dieser Stelle eingewendet werden, die staatliche Kunstpolitik schaffe einen Ausgleich zum Marktgeschehen, weil Kunst eben doch nicht eine normale Ware sein solle bzw. nicht nur sein sollte. Die Kunstpolitik fördere somit all jene Kunstproduktion und Kunstkonsumtion, die es unter reinen Marktbedingungen schwer hätten, zu existieren. Aber genau so funktioniert staatliche Kunstförderung eben nicht. Es wird ja gerade nicht nur auf den Tauschwert geguckt und jede Kunstproduktion und Kunstkonsumtion ungeachtet des Inhaltes mit der gern zitierten Gießkanne gefördert, sondern es wird von den „Kunst-Verantwortlichen" zuerst einmal auf den Inhalt, den vermeintlichen Gebrauchswert geguckt. Das ist ganz naheliegend, da Fördermittel endlich sind. Man muss irgendeine Auswahl treffen, man kann ja wohl schwerlich einfach Lose ziehen. Geschenkt, aber das bedeutet konsequenterweise im Gegenzug, dass die Experten den Kunstkonsumenten den besten Konsum vorschreiben, so wie die Regierung Joseph II. den dummen Untertanen die säkulare Gesellschaft. Und auf Seiten der Künstler züchten die Experten über das Mittel der Kunstförderung ein Gefilde von gegenseitigen Abhängigkeiten. Beide Aspekte sagen uns nur eines: Die Vermittlung hat sich verselbstständigt, sie finanziert ihr eigens soziales Dasein aus der Dummheit der einen und der Abhängigkeit der anderen. Und zwar geschieht dies selbst bei bestem Wissen und Gewissen und bei den allerbesten Absichten aller Beteiligten. Es geschieht nicht aus Mangel an Bewusstsein, sondern aus Gründen des objektiven Seins. Auch den schrecklichen Begriff „Kulturhoheit" gibt es im Grunde aus objektiven Gründen: Kunst- und Kulturpolitik ist immer, wie jede Politik im bürgerlichen Zeitalter, auf den Staat bezogen, und zwar auf einen bestimmten Staat mit einer bestimmten geographischen Begrenzung. Kunst als Ware ist hingegen immer so grenzenlos wie jede Ware. Hier existiert offensichtlich ein ähnlicher Widerspruch wie zwischen der globalen Ökonomie und der staatlichen Politik, die wir anlässlich der Wirtschaftskrise 2008/09 etwa im Falle Islands sahen, dessen Offshore-Banken zu groß waren, um im Falle einer profanen Pleite von ihrem eigenen Staat aufgefangen werden zu können.

Kunst und Kultur sind im bürgerlichen Zeitalter per se vor keiner geographischen Kulturgrenze gefeit und genau das ist einer der Fortschritte der Warengesellschaft gegenüber den bisherigen Gesellschaften. Somit wird Kunst (1) global verfügbar;

sie kann (2) als Ware von Individuen überall gekauft werden und sie kann (3) nur privat konsumiert werden. Diese drei Dimensionen waren in den vorbürgerlichen Gesellschaften durch andere Ausprägungen besetzt. Zum Beispiel im Feudalismus: Kunst war (1) lokal oder höchstens regional verfügbar, weil die Kunstproduzenten als Gilden arbeiteten; Kunst konnte (2) nicht als Ware von Individuen gekauft werden; Kunst konnte (3) nur öffentlich konsumiert werden.[104] Die Forderung, die Kunstproduktion und Kunstkonsumtion solle nicht mehr nach den Kriterien der Warenwirtschaft funktionieren und solle statt dem Tauschwert dem Gebrauchswert den Vorrang einräumen ... ist innerhalb des Kapitalismus sinnlos, wurde und wird aber dennoch immer wieder aufgestellt.[105]

Ganz spannend: Genau aber in dem Moment als Kunst tatsächlich keine Ware mehr war, weil die gesamte Ökonomie keine Waren mehr produzierte, rückte für die Obrigkeit der Planwirtschaften des 20. Jahrhunderts der „gute alte" Inhalt in die Linse – statt den Fokus auf die neuen, ungeahnten Produktions- und Konsumtionsbedingungen der Kunst in der Planwirtschaft zu legen. Das ist nun aber tatsächlich so, als würde man den Slogan „Einen Schritt vorwärts, zwei Schritte zurück" in die Tat umsetzen wollen. Kunstproduktion und Kunstkonsumtion verloren in den Planwirtschaften ihren globalen Warencharakter ... und sie fanden sich flugs in provinziellen Verhältnissen wieder. Die Bürokratien in Russland, Osteuropa, China, Kuba, Vietnam, Jugoslawien, Albanien und so weiter nahmen gegenüber den Kunstproduzenten eine ähnliche Rolle ein wie die deutschen Kleinfürsten und Militärstaaten des 18. Jahrhunderts. Das Verhältnis schwankte immer hübsch zwischen den Extremen Mäzenatentum auf der einen und Zensur bzw. Verfolgung auf der anderen Seite. Wobei die Winckelmanns, Herders und Goethes das Glück haben konnten, an einen liberal gesonnenen Hochwohlgeborenen zu gelangen. Ein Glück freilich, das die Künstler andererseits wiederum zu dankbaren, ja demütigen Wesen degradierte, was an ihrem Schaffen auch nicht ganz spurlos vorübergehen konnte. Während den Mäzenen des 18. Jahrhunderts der Inhalt nicht so wichtig war, solange sich ihr Fürstenhaus wenigstens mit einem guten Namen schmücken konnte, hatten die stalinistischen Bürokraten in den Planwirtschaften des 20. Jahrhunderts den „Inhalt" für sich entdeckt. Das konnte nicht gut gehen.

Im Purgatorium

Der Autor Ota Filip schrieb Anfang der 1970er Jahre mit einer guten Portion Humor über seinen ehemaligen Schullehrer in Tschechisch:

„Der Genosse Lehrer im Ruhestand hatte (...) nur eine Leidenschaft: In seinen alten Tagen wurde aus ihm ein leidenschaftlicher Literaturtheoretiker, der schon vor 1968 die Redaktionen von allen möglichen literarischen Zeitschriften mit umfangreichen Abhandlungen über den sozialistischen Realismus versorgte, dabei vergaß er nie, die Forderung nach einem totalen Optimismus zu formulieren, der aus der freudigen Wirklichkeit entspringt, in der wir leben. Die weniger optimistisch veranlagten Redakteure der Literaturzeitschriften wagten nicht, die Beiträge des Genossen Pensionär zu veröffentlichen, so daß der Theoretiker des optimistischen sozialistischen Realismus verbittert verlauten ließ, er werde es diesen Intellektuellen schon noch geben. (...). Im August 1968 eilte die ruhmreiche sowjetische Armee dem Genossen Lehrer im Ruhestand zu Hilfe. Noch 1969 wurden in der Tschechoslowakei alle Literaturzeitschriften verboten, und der ‚Normalisierungs‘-Prozeß erschloß dem verbitterten Rentner neue optimistische Perspektiven und breite Veröffentlichungsmöglichkeiten. (...) Anfang 1970 hat sich der Genosse Lehrer im Ruhestand in seinem Artikel „Weg von den Irrwegen“ mit dem tschechischen Dramatiker Václav Havel, mit Franz Kafka, mit dem Rechtsoppositionellen Prof. Goldstücker und mit mir auseinandergesetzt. In der Ostrauer ‚Nová Svoboda‘ schrieb er über uns, wir seien zerrüttete

Ästheten, unfähig, Literatur gefüllt mit dem gesunden Kern des sozialistischen Optimismus zu zeugen. Warum sich der Genosse Lehrer i. R. für seine Attacken gerade uns vier ausgesucht hat, das habe ich bis heute nicht begriffen. Es ist mir nicht bekannt, daß zum Beispiel Václav Havel eine Erklärung abgegeben hätte, in der er sich verpflichtet, nur sozialistisch-optimistische Stücke zu schreiben. Soweit es um mich geht, so habe ich mich niemals darum gekümmert, ob das, was ich schreibe, sozialistischer Realismus ist oder nicht. Goldstücker ist in erster Linie Wissenschaftler, und es ist mir nicht bekannt, daß er etwas anderes geschrieben hätte als wissenschaftliche Arbeiten. Das einzige, was uns drei verbinden könnte, wäre die Tatsache, daß wir leben. Sonst sind wir grundverschieden. Ein unergründliches Rätsel bleibt, wie zu uns Lebenden der verstorbene Franz Kafka gestoßen ist, dem der Lehrer i. R. gleich uns Mangel an sozialistischem Optimismus und konterrevolutionäre Tendenzen vorwarf."[106]

Dieser Text ist Prosa und Belletristik. Aber das, was der Autor hier verarbeitete, war ganz real. Es zeigt sehr plastisch das gesellschaftliche Klima einer internalisierten Zensur in den Planwirtschaften des 20. Jahrhunderts. Es bedurfte nicht einer Behörde – obwohl es diese auch gab –, um etwa das Werk von Franz Kafka zu verdammen. Es fanden sich darüber hinaus zahlreiche „Funktionäre", die an diesem Klima mitwirkten. Freilich, der von Ota Filip zitierte Lehrer hätte sich nicht in dieser Hinsicht geäußert, wenn nicht der gesamte Arbeiterstaat bereits die Oberhoheit über den Inhalt von Kunst an sich gerissen hätte. Insofern dürfen wir den „Vorwurf", Kafka zeige Mangel an sozialistischem Optimismus und habe konterrevolutionäre Tendenzen, als ein Diktum des gesamten Staates und nicht einer konkreten Person nehmen.

Wir brauchen uns mit dem Vorwurf selbst nicht lange aufhalten. Der Begriff „konterrevolutionär" ist selbst von einem revolutionären Standpunkt für die Charakterisierung von Kunst gänzlich inhaltsleer und zeigt den Kardinalfehler der Planwirtschaften im Bereich der Kunstanalyse und Kulturpolitik an: Nämlich das Kunstwerk als politisches Subjekt zu nehmen und nicht als Indikator für Bewusstsein. Auf der Ebene der Politik bedeutet „konterrevolutionär" nichts Anderes als alle Politiken, die die Arbeiterklasse abhalten, die Produktionsmittel zu übernehmen und selbst die Wirtschaft zu leiten. Da der natürliche Widersacher dieser Politik die jetzigen Besitzer der Produktionsmittel sind, also das Bürgertum, ist der Begriff „konterrevolutionär" nicht zu trennen von dem prosaischen und weniger dramatisch klingenden Begriff „bürgerlich". Selbstverständlich sagt der Vorwurf, Kafka sei ein bürgerlicher Autor gewesen, fast nur etwas über die Bürokratie aus und so gut wie nichts über Kafka. Dass Letzterer ein „bürgerlicher Autor" war und nur ein solcher innerhalb seiner Lebensspanne 1878 bis 1924 sein konnte, versteht sich von selbst. Erstens: Was sonst? Und zweitens: Wo liegt das Problem? Genauso wie wir heute die frühgotischen Kathedralen Nordfrankreichs bewundern können – ja, nicht nur bewundern, sondern uns aus der Nähe von der Vergangenheit eigenartig berühren lassen können – genauso bedeutet dies nicht, dass wir damit zu Agenten des Feudalismus geworden sind. Obwohl natürlich diese Kunstwerke nur durch den Feudalismus möglich wurden. Genauso können wir bürgerliche Literatur bewundern und würdigen. Und zwar nicht nur jene, die sich in einer objektiv revolutionären Rolle gegenüber den alten Staaten der feudalen Vorrechte befanden – wie jene Lessings, Schillers oder Büchners. Sondern auch jene, die stattdessen in irgendeinem Aspekt den Zusammenhang unseres Lebens mit den gerade herrschenden Produktionsweisen und Produktionsverhältnissen deutlich und erlebbar machen – wie im deutschen Sprachraum etwa jene Bölls, Handkes, Bachmanns, Walsers oder eben Kafkas. Menschen, die sich von Kunst berühren lassen, profitieren dabei meist in Sachen Sensibilität und Scharfsinn. Auch jene Künstler, die sich etwa in Sowjetrussland als revolutionäre oder sozialistische Künstler verstanden, konnten in Wirklichkeit auch nur die bürgerliche Produktionsweise verarbeiten, soweit sie überhaupt irgendetwas eigenständig verarbeitet haben. Aber hatte nicht die Planwirtschaft die bürgerliche Produktionsweise abgelöst? Ja, aber nicht in einem globalen und historischen Sinne. Der Begriff Sozialismus als „Gesellschaftsformation" – nicht als politische Richtung – bedeutet: Die Arbeitsproduktivität der Planwirtschaft hat jene des Kapitalismus überholt und somit jeglichem objektiven Sog in Richtung Restauration des Privateigentums die Kraft genommen. Offensichtlich waren die Planwirtschaften des 20. Jahrhunderts Lichtjahre vom Sozialismus entfernt. Und deswegen reflektierte das Bewusstsein der Menschen in diesen Planwirtschaften genauso wenig den Sozialismus, wie die antiken Sklavenhalter das Bewusstsein der Menschen im Feudalismus reflektierten oder die leibeigenen Bauern, sagen wir des 18. Jahrhunderts, das Bewusstsein der Menschen in der kapitalistischen Warenwirtschaft und so weiter. Somit hatten – als Ergebnis nüchterner Logik – selbst die „sozialistischsten" Künstler des 20. Jahrhunderts ihren Begriff von Sozialismus nicht aus dessen Wirklichkeit, sondern aus der Vorstellung, wie sie sich auf der Basis der kapitalistischen Verhältnisse ergab und nur ergeben konnte.

Der Begriff „sozialistischer Realismus" ist hingegen schon anspruchsvoller. Die Analogie zumindest zu dem anspruchsvollen Verständnis des Realismus wäre im bürgerlichen Realismus zu finden. Also einer Literaturströmung, die in der Mitte des 19. Jahrhunderts das Selbstbewusstsein der Bourgeoise dieser Epoche reflektierte: bescheiden und sachlich. Weshalb aber bescheiden und sachlich? Hier müssen wir im Zeitstrang einen doppelten Schritt zurück machen. Die Urgroßeltern des Realismus sind die Aufklärung und die Klassik – also zusammengefasst: der philosophische und literarische Kampf des Bürgertums gegen den alten Staat der feudalen Vorrechte. Mit dem nicht „bloß" literarischen, sondern politischen und militärischen Kampf des revolutionären Frankreichs und dem Ausgang der napoleonischen Kriege rückte der gesamte Zeitgeist wieder nach rechts: Die Romantik setzte sich durch.

„Unquestionably the year 1815 aroused great hopes among the governing classes in Europe. The sovereigns who were taking up the reign of state again after twenty years of tribulation could in fact depend on a general movement of reaction against individualism, a movement which called upon the elite of Europe to rebuild unity of thought and to revive the taste of for tradition as a bastion against the progress of free inquiry. In fact, this reaction against Enlightenment hat become apparent in the course of the last decades of eighteenth century: (. . .) and in 1799 that Novalis planned Christenheit oder Europa, the first demonstration of German Romanticism. But it was about 1815 that these works began to bear fruit."[107]

Die Romantik entwickelte einen Sinn für das noch während der Klassik als barbarisch angesehene europäische Mittelalter. Die Klassik verwendete ein unkritisches Bild der Antike für die revolutionäre Umgestaltung ihrer Gegenwart. Die Romantik verwendete ein unkritisches Bild des Mittelalters für den Rückzug von eben dieser Umgestaltung – eine kollektive Verdrängung des Scheiterns der Aufklärung, zumindest in dem allgemein menschlichen Sinne, wie es das 18. Jahrhundert verstand. Im 19. Jahrhundert: Neugotik, während in ganz Europa die Fabrikschlote hochgezogen und die Eisenbahnschienen verlegt wurden. Auf der Ebene der Politik war die Umgestaltung der Welt durch die produktiven Klassen nach 1815 vorerst ausgeträumt. Aber auf der ökonomischen Ebene setzte sich trotz aller künstlichen Hemmnisse die bürgerliche Produktionsweise immer stärker durch und entzog der Romantik die Grundlage von innen her. Der Realismus entstand. Pauschal formuliert: Der Bourgeois vergaß die Enttäuschung über die missglückte Rettung der Menschheit im Zuge der Aufklärung und der französischen Revolution, weil ihm die Menschheit egal sein konnte, sobald er sich ökonomisch durchgesetzt hatte. Im Realismus ist der Bourgeois zu sich gekommen und blickt in den Spiegel. Was sieht er hier? Seinen wachsenden Wohlstand, die Welt der Erfindungen und Unternehmungen, das kleine Familienglück. Das Privatleben entsteht. Welche Analogie zu diesem Vorgang bietet sich nun aber in der Planwirtschaft? Was wäre denn die Basis eines sozialistischen Realismus? Dass die Arbeiterklasse zwar die Produktionsmittel vergesellschaften, aber die Entfremdung der Menschen von der Produktion nicht überwinden konnte? Dass der Staat zwar offiziell den Werktätigen gehört, aber zu einem despotischen Monster über eben diese auswuchs? Welche Enttäuschungen wirft der Blick in den Spiegel zurück, welche gescheiterten Hoffnungen? Wenn die Analogie zwischen bürgerlichem und sozialistischem Realismus irgendeinen Sinn haben soll, müsste ein sozialistischer Realismus den unverschleierten Alltag der Menschen in der degenerierten Planwirtschaft zum Inhalt haben. Er müsste von dem Bewusstsein der Menschen ausgehen, die bereits den großen Schritt zum Übergang der ökonomischen Macht hinter sich, aber dennoch keine Macht haben. Es bleibt der Alltag – prosaisch und nüchtern – aus der Sicht der Desillusion. Und tatsächlich gab es auch in der Literaturgeschichte des „Ostblocks" einige Werke, die in dieser Richtung weisen. Diese Werke zeigen den Alltag der Menschen in der Planwirtschaft, ohne Geschichte und ohne Zukunft. Ohne Geschichte sind die Menschen die Last der heroischen Vergangenheit los, ohne Zukunft haben sie keine großen Erwartungen.[108] Das Bewusstsein dieser Menschen ist deswegen auch nicht moralisch aufgeladen. Und die Absenz einer öffentlichen Moral war genau der Punkt, an dem sich die herrschende Kaste stoßen musste. Deswegen war der offizielle Literaturbetrieb der entschiedene Gegner dieses echten Realismus. Das war auch dann der Fall, wenn die Kunstwerke nicht direkt die Mängel der deformierten Planwirtschaft in sich mitaufnahmen. Und das waren weder die Kunstwerke, die offiziell unter „sozialistischer Realismus" firmierten, noch waren diese das Ergebnis der völlig sinnlosen Aufforderung von Seiten der Politik an die Künstler, eine bestimmte Kunstrichtung einzuschlagen. Ota Filip hat es sehr gut auf den Punkt gebracht: Die Bürokraten verlangten „Sozialistischen Realismus", meinten aber in Wirklichkeit „Sozialistischen Optimismus". Das ist etwas ganz Anderes. Und selbst das war kein echter sozialistischer Optimismus, der als politische Grundhaltung ja legitim wäre, sondern einfach die verlogene Glättung der Abbildung der Wirklichkeit in den Planwirtschaften des 20. Jahrhunderts. Offensichtlich, um jegliche Kritik an der bürokratischen Herrschaft zu unterdrücken, wobei gerade diese Unterdrückung die lauteste Kritik an der Wirklichkeit darstellte. Genau das haben die Künstler des Samisdat und Tamisdat so deutlich wahrgenommen und reflektiert. Wie folgern daher: Das, was heute unter „sozialistischer Realismus" firmiert, stellt wahrlich keine Analogie zum echten Realismus dar.

Kommen wir zu Franz Kafka zurück, wenngleich nur kurz:

Kafka war in den Augen der Stalinisten also ein „zerrütteter Ästhet", unfähig des Optimismus des „Sozialistischen Realismus". Tatsächlich gibt es in dieser Aussage drei unterschiedliche Objekte, obwohl es so klingt, als wäre nur von Kafka die Rede: (1) die Kunst-Konsumenten im vermeintlichen „Sozialismus", denen von der Kafka-Lektüre abgeraten wird, (2) die Kultur-Bürokratie, die den Lesern von der Kafka-Lektüre abrät und (3) Franz Kafka als Autor und Mensch. In dieser Aussage wird zuerst einmal das dritte Objekt, Kafka, geschmäht. Das erfüllt uns mit Scham. Aber weshalb genau schämen wir uns? In Wirklichkeit wurde hier nicht nur Kafka geschmäht, sondern der Sozialismus. Dem soll nun nachgegangen werden.

Weshalb sollte vom Standpunkt des Sozialismus ausgehend von der Lektüre eines bürgerlichen Autors abgeraten werden? Selbst wenn diese Lektüre dem Publikum einen irgendwie ungünstigen Blickwinkel auf den Sozialismus eröffnete – an sich schon eine reichlich abstruse Annahme – drückt das Abraten im Grunde aus, dass die Bürokratie den Menschen nicht zutraut, die Literatur eigenständig zu verarbeiten. Was aber nicht eigenständig verarbeitet wird, wird überhaupt nicht verarbeitet. So torpediert die bürokratische Herrschaft die kulturelle Entwicklung der Menschen. In der zitierten Passage drückt sich ein eigenartiges Verhältnis zwischen Bürokratie und Bevölkerung aus: Die Bürokratie ist das Subjekt und die Menschen ihr Objekt. In jeder Gesellschaft, die den Namen Sozialismus verdient, müsste es genau umgekehrt sein. Bereits auf Grund dieser Tatsache kommen wir zu einem Schluss: Um Sozialismus – die freie Assoziation von Subjekten – kann es sich in den Planwirtschaften des 20. Jahrhunderts auf keinen Fall gehandelt haben. Es kam aber noch schlimmer: Von den Werken Frank Kafkas wurde nicht nur abgeraten, sie wurden einfach nicht gedruckt und in den Buchhandel gebracht, was unter der Bedingung des Pressmonopols der Bürokratie auf ein glattes Verbot dieser Literatur hinausläuft. Und das wiederum demonstriert, dass die Bürokratie längst zur herrschenden Kaste im Staate aufgestiegen war und dem Erhalt dieser Herrschaft über die Menschen alles andere unterordnete. Kurzum: Der Passus sagt so gut wie nichts über Kafka aus, dafür aber fast alles über die Beziehung der Bürokratie zur Bevölkerung.

Das ist der eine Punkt. Der andere: Wäre die ökonomische und politische Realität in den Planwirtschaften des 20. Jahrhunderts tatsächlich „sozialistisch", niemand müsste sich darüber Gedanken machen, ob die Kafka-Lektüre jemanden in bürgerliche Bahnen ziehen könnte. Was, wie bereits angedeutet, an sich schon eine abstruse Annahme ist. Abstrus deswegen, weil diese Annahme von der Vorstellung ausgeht, das Bewusstsein der Menschen basiere auf einer Black Box (im Sinne der Systemtheorie oder des Behaviorismus), die erst nach und nach durch von außen zugeführte „Inhalte" aufgefüllt werde. Frei nach dem Motto: Liest jemand zu viel „bürgerliche" Literatur, wird ganz analog dazu das Bewusstsein bürgerlich. Tatsächlich ist das Bewusstsein aber längst ausgebildet – durch die aktive Verarbeitung der Wirklichkeit durch den Menschen. Eine Verarbeitung, die freilich wiederum von der sozialen Stellung des Menschen in der Gesellschaft ausgeht. Jedenfalls bedeutet Sozialismus, dass die Akkumulation der Planwirtschaft bereits aus eigener Kraft „brummt" und wegen der Fortschritte in Sachen Arbeitsproduktiv die Arbeitszeit niedriger und das Konsumniveau höher als im besten Kapitalismus ist. Genau dann ist die ganze Sache aber ein Selbstflieger und bedarf erst recht keinerlei lächerlicher politischer Steuerung und Gängelung. Ist dieser ökonomische Status aber nicht erreicht, muss sich die Planwirtschaft vor allem die Frage gefallen lassen, weshalb dies nicht der Fall ist. Und von da weg ist es nicht mehr weit zur passenden Antwort: Das Objekt, das dem skizzierten Potential der Planwirtschaft als Sozialismus in erster Linie im Weg steht, ist ... die Bürokratie selbst.

Wir können nun das Thema auf folgende Formel bringen: Der „sozialistische Realismus" ist als Kunst nach künstlerischen Kriterien zwangsläufig subaltern und als Politik selbst aus sozialistischer Perspektive sinnlos, da die sozialistische Realität die Grundlage des Realismus bilden müsste und nicht die Affirmation durch die Kunst gegenüber einer nichtsozialistischen Realität.

So gesehen konnte die Verfemung der Werke Franz Kafkas und vieler anderer Autoren nur peinlich ausgehen.

Selbst ohne Sozialismus und Kommunismus wäre das lohnendere Betätigungsfeld der Politik im Arbeiterstaat der Übergangsgesellschaft die Produktions- und Konsumbedingungen von Kunst und nicht der „Inhalt". Wenn die Planwirtschaft den Verwertungszwang von Kunst, den es im Kapitalismus nicht loswird, in der Planwirtschaft loswird ... so bedarf es eigentlich keiner Vermittlung mehr zwischen Kunstproduzent und Kunstkonsument. Die Kunstkonsumenten votieren über den Gebrauchswert, indem sie Kunst konsumieren. Das war´s. Mehr gibt es dazu nicht zu sagen. Die Ökonomie setzt der Kunst keine Grenzen, im Gegenteil: Umso geringer die Arbeitszeit, umso mehr Konsumzeit. Umso weniger fremdbestimmt die Arbeit, umso mehr eignet sie sich zur Kunst. Kunst ist nicht mehr Ästhetik der eigenen Entfremdung.

Aber es ist eigenartig: Obwohl der Marxismus zumindest offiziell hoch im Kurs stand, wurde meist nur der „Inhalt" beurteilt. Im Grunde ging die Politik vom Standpunkt des deutschen Idealismus aus und ignorierte die materiellen Produktionsverhältnisse von Kunst. Deswegen sah sie auch nur das fertige, isolierte Kunstwerk, nicht den Kunstprozess. In der frühen Sowjetunion stand zwar zumindest einige Zeit lang der egalisierte Zugang von Material für Kunstschaffen im Fokus. Aber gleichzeitig involvierten sich führende Vertreter der KPR in eine Kunstdiskussion, etwa um 1924 herum, mit den russischen Formalisten.[109] Bereits hier, am Vorabend der Bürokratisierung des Arbeiterstaates, traten die Parteigrößen der Bolschewiki mit dem Anspruch auf, den Inhalt der Kunst zumindest „richtiger" analysieren zu können als die Wissenschaftler, Künstler und deren Publikum. Auch wenn sie tatsächlich richtiger analysiert hätten, ist Zurückhaltung von Seiten der führenden Kräfte des Staates immer der beste Weg, die Kunst zu fördern. Umgekehrt: Der Schritt von dem Anspruch der Partei, über Kunst richtiger zu urteilen, zu der Praxis der 1930er Jahre eine bestimmte Kunst zu fordern und etwas später die Nichteinhaltung dieser Forderung mit staatlichen Mitteln zu sanktionieren, war ein kleiner.

Unter welchen Verhältnissen wurde in den Planwirtschaften des 20. Jahrhunderts Kunst produziert und konsumiert?

„Der Schriftsteller wird durch die ihn umgebende Wirklichkeit, nicht aber durch usurpatorische Sittenprediger erzogen. Vergessen wir also diese bedauerliche Pädagogik des Zwanges und denken wir über die Ziele des Schriftstellerverbandes, gemäß seiner Statuten, nach. Wenn der Sinn und Zweck der Existenz dieses Verbandes in Erinnerung gerufen wird, ist sofort vom Kampf die Rede – vom Kampf gegen feindliche Haltungen, vom Kampf gegen Fehler und fehlerhafte Theorien, vom Kampf gegen den Rassismus in Südafrika und gegen den Terror der Junta in Patagonien, vom Kampf gegen Berufsverbote in Westdeutschland, vom Kampf für Frieden und Fortschritt, für Sozialismus und soziale Gerechtigkeit, wo auch immer. Damit werden die Probleme zu einer Phrase verharmlost, die typisch ist für die Bürokratisierung des Denkens. Dabei geht es nicht darum, daß diese Losungen nicht schön oder edel wären, sondern darum, daß der Verband in diesem Bereich praktisch nichts tun kann."[110]

So weit so richtig. Die Beispiele, die Braun hier verwendet, sind natürlich jene aus den 1970er Jahren. Aber es dürfte klar sein, was zu verallgemeinern ist: Die Forderung von Seiten der Politik nach einer bestimmten Kunst, nach einem bestimmten „Inhalt", ist falsch. Freilich ist es andererseits genauso unsinnig, statt einer bestimmten politischen Kunst eine dezidiert unpolitische Kunst oder einen unpolitischen Künstler zu fordern.[111] Wenn wir hier nur auf den Inhalt von Kunst schauen – und das ist der Fokus der bisher besprochenen Kunstpolitik – so kann sich der Kunstproduzent nicht völlig von einer politischen Positionierung lösen. Und weshalb sollte er auch? Freilich ist der Produzent hier nicht auf der gleichen Ebene wie die staatliche Kunstpolitik, die zur Durchsetzung ihrer Ziele Zwang anwenden kann. Das kann der Kunstproduzent nicht, aber er kann und wird in der Art und Weise, wie die einen Themen verarbeitet und andere gar nicht erst berührt werden, zwangsläufig politisch sein. Tun wir einmal so, als könnte sich der Kunstproduzent von jeglicher politischen Aussage distanzieren: Gerade dies wäre erst recht eine politische Aussage ersten Ranges. Nämlich, dass die so nicht verarbeitete Wirklichkeit der Normalzustand wäre. Ist diese Wirklichkeit – bildlich gesprochen –eine „Zwei Minus", dann belässt die unpolitische Kunst diese „Zwei Minus" ohne der Aufforderung, sie in eine „glatte Null" zu ändern.

Im Grunde ist die Perspektive der Betrachtung, die vom „Inhalt" des Kunstwerkes ausgeht, gar nicht der lohnende Fokus einer materialistischen Kunstkritik. Diese setzt weit tiefer an, bei gesellschaftlichen Strukturen, die die Kunstproduzenten zwangsläufig mitverarbeiten und unter deren Bedingungen sie selbst auch arbeiten. Uns interessiert zum Beispiel kaum, was an direkten politischen Aussagen im Œuvre Kafkas steckt. Und noch weniger, welche politische Haltung Kafka als Person einnahm. Ob intentional oder nicht, Kunst verarbeitet gesellschaftliche Verhältnisse mit. Der Großteil dieses Buches handelt zum Beispiel von dem Individuum im Verhältnis zu den – gegenüber dem Individuum – antagonistischen Kräften. An dieser Stelle grenzen wir uns aber auch gegenüber einem mechanischen Strukturalismus ab, der das Material der Kunst als vom Bewusstsein des Künstlers gänzlich unabhängig nimmt:

"Die Dichter denken sich die Themen nicht aus, sie nehmen sie aus der sie umgebenden Umwelt. Die Arbeit des Dichters beginnt erst mit der Bearbeitung des Themas, mit dem Suchen nach der adäquaten sprachlichen Form."[112]

Es macht aber, um bei unserem Beispiel zu bleiben, sehr wohl einen Unterschied, ob Kafka einen Sinn für das bürgerliche Individuum und dessen Feinde hat oder nicht. Kafka hatte einen Sinn dafür, wie auch der bereits zitierte „Brief an den Vater" explizit demonstriert. Hätte er selbst keinen Sinn dafür gehabt, so hätten sich zwar vermutlich auch Spuren dieser Struktur in seinem Werk gefunden. Nur wäre es dann weniger lohnend gewesen, diese aufzudecken. Am schönsten ist es für den Kunstkritiker, wenn er das, was er suchen will, wie ein „offenes Buch" vor sich hat. Hingegen betrachtet der Ansatz, dass es bei der Analyse nur um eine vom Bewusstsein des Autors unabhängige Struktur geht, das Werk wie mit dem Blick in ein Kaleidoskop. Und bei jedem Rütteln liefert das Bild jeweils ein anderes Mosaik, zufällig und sinnlos. Damit wird auch der Künstler als stumm und taub genommen. Der Kunstkritiker setzt sich dann sozusagen die Maske des vom Objekt unabhängigen Ethnologen auf, der etwas Fremdes, ein immer irgendwie anderes Bild, zu beschreiben hat. Das macht die materialistische Kunstkritik nicht. Sie verleugnet den Sinn, der uns verbindet, nicht. Aber sie sieht den Sinn nicht im Programm der Kunst, sondern in der gesellschaftlichen Struktur, die sowohl im Werk verarbeitet wurde als auch in den Produktionsbedingungen um das Werk herum.

„Es versteht sich, daß eine solche Lyrik auch ihre Zeit widerspiegelt, doch geschieht das zumindest irgendwie beiläufig."[113]

Gehen wir wieder einen Schritt zurück. Eine unpolitische Kunst zu fordern, ist genauso unsinnig, wie eine politische Kunst zu fordern. Es ist politisch richtig, die Kunst, die Kunstproduzenten und die Kunstkonsumenten vor einer Instrumentalisierung durch die Politik zu verteidigen, aber diese Verteidigung inkludiert konsequenterweise die Ablehnung der – im Grunde wiederum politischen – Forderung nach einer unpolitischen Kunst. Es fragt sich übrigens auch, was unter „Politik" zu verstehen sei. Im Deutschland der Nachkriegszeit stellte die Kunstkritik bisweilen die Forderung auf, Literatur über die 1930er und 1940er Jahre müsse immer auch den Holocaust und den Nationalsozialismus verarbeiten. Und indem die Kunstkritik vielleicht auch einen gewissen Einfluss auf die Verlagspolitik nimmt, so auch auf den Buchhandel und die Produktionsbedingungen der Autoren. In dieser Konstellation nimmt die Kunstkritik eine quasi-politische Rolle gegenüber der Kunst ein. Aber das letzte Wort hat dennoch der Markt, der der Intention der Politik nicht folgen muss. In den Planwirtschaften des 20. Jahrhunderts hingegen war die politische Sphäre identisch mit dem Staat – eigentlich mit der den Staat beherrschenden bürokratischen Kaste. Und hier existierte kein Warenmarkt. Wer den Interessen der Bürokratie zuwider Kunst produzierte oder konsumierte, ging mitunter nicht nur der bürgerlichen Freiheiten verlustig, sondern hatte auch keine Chance, als Künstler zu überleben. Der Staat war nicht nur despotisch – wie jede andere „ordinäre" Diktatur wie etwa Francos Spanien oder Pinochets Chile. Der planwirtschaftliche Staat hat darüber hinaus auch noch das Monopol über Druck, Rundfunk,

TV, Theater, Konzertsäle, Museen und so weiter ... und der Künstler hatte keine Chance, sich nach einer Ablehnung durch die Politik wenigstens an den Markt zu wenden, um wenigstens bei den Käufern reüssieren zu können. Und gerade das Fehlen des Marktes machte das Wesen der Planwirtschaft aus – auch wenn die Planwirtschaften des 20. Jahrhunderts ihre planwirtschaftlichen Produkte als Waren verkleideten. Summa summarum: Der Arbeiterstaat hatte mehr Machtmittel, die gegen die Kunst missbraucht werden konnten, als der bürgerliche Staat; und dabei hatte gerade die Planwirtschaft das Potential, die Degradierung der Kunst durch ihre Verwandlung in eine Ware aufzuheben!

Ja, in so gut wie allen Planwirtschaften des 20. Jahrhunderts existierten Produktionsbedingungen jenseits des Marktes und des Zwangs, Kunst zu Geld zu machen. Indes, dieser Fortschritt wurde gleich wieder zunichte gemacht, indem sich Distributionsagenten einmengten, die sich aus der Rolle der bloßen Vermittler zwischen Kunstproduzenten und Kunstkonsumenten zu dem eigentlichen Subjekt aufschwangen. Die Künstler – und wir zeigen dies exemplarisch an Hand der Schriftsteller – sahen sich folgendem System gegenüber: Sie mussten sich in einem Verband organisieren, dem Schriftstellerverband. Nur so konnten sie ihre Werke drucken lassen und nur so sahen sie ein „Einkommen". All das war oft formell anders geregelt, der Verband sollte die Rechte der Autoren sicherstellen und mit dem Staatsverlag – auch die Verlage waren staatlich organisiert – die Vergütung aushandeln. Insofern nahm der Schriftstellerverband auch eine „gewerkschaftliche" Rolle ein. Jedoch ...

„Es war ein Abend nach einer langen Versammlung, auf der sie wieder einmal jemanden ans Kreuz genagelt hatten. Ich war müde und niedergeschlagen, aber als ich ihm zuhörte, wuchs wieder die Hoffnung in mir, daß dieser Wahnwitz eines Tages vorüber sein würde."[114]

So Boris Jampolskij im Jahr 1970 in seinem Essay über den Dichter Juri Oljescha (1899–1960). Jampolskij thematisierte dabei seine Begegnungen mit Oljescha, nicht direkt die Versammlung des Schriftstellerverbandes. Aber dieses Detail zu der Versammlung kommt ihm en passant unter, einfach weil es zu der Realität der Künstler in der Sowjetunion gehörte. Umso wertvoller ist dieses Indiz. Offensichtlich gingen wenige freiwillig zu den Versammlungen und offensichtlich dienten die Versammlungen und die auf ihnen beschlossenen Resolutionen dazu, dass die Kollegenschaft gegenseitig den Inhalt ihrer Werke unter die Lupe nahm. Sozusagen aus dem verinnerlichtem Blickwinkel der herrschenden Kaste. Andrzej Braun nahm genau auf diesen Punkt in seiner damaligen Rede vor dem polnischen Schriftstellerverband mit verblüffender Logik Bezug:

„... In den Beziehungen zwischen uns Kollegen – den Mitgliedern des Schriftstellerverbandes – herrscht das demokratische Prinzip; dieses ist jedoch unsinnig in Bezug auf die Literatur, im Hinblick auf die Beziehungen zwischen Schriftstellern als Schöpfern von Werken. Alle Mitglieder des Polnischen Schriftstellerverbandes müssen gleich sein, aber der Autor eines Buches ist nicht dem Autor eines anderen gleich. So gesehen ergab sich aus der quasidemokratischen Nivellierung von Werken und der Austauschbarkeit ihrer Autoren und Schöpfer im öffentlichen literarischen Leben, bei zunehmend hieratischen Beziehungen zwischen dem Volk und den Kollegen, ein Paradox besonderer Art."[115]

Besonders tückisch, dass der Schriftstellerverband die politischen Wendungen der Bürokratie immer nachvollziehen musste und dabei den pragmatischen Charakter dieser Wendungen nicht verschleiern konnte:

„Nach außen galten wir als der Staat des Internationalismus, als die Basis der Weltrevolution, die Heimat des Weltproletariats, während sich in der Ideologie langsam aber sicher bereits ein Wandel zum Patriotismus vollzog. Eben noch ein Schimpfwort, ein Symbol für Kleinbürgerlichkeit (...) galt Patriotismus jetzt durchaus als linientreu, ja war sogar obligatorisch. Allerdings sprach man anfangs verschwommen von einem ‚sowjetischen' Patriotismus (...) Nach und nach trat das Wort ‚Rußland' in den Vordergrund."[116]

Es gab nicht viele Möglichkeiten. Vielleicht ignorierte man als Künstler all diese Usancen und geriet irgendwann in den Radar der Kollegen im Schriftstellerverband. Oder – wenn das nicht wirkte – druckte der Staatsverlag die Bücher der „Abweichler" nicht mehr oder man nahm sie aus den Regalen. Oder aber die oberste Zensurbehörde schaltete sich ein und strich zweifelhafte Absätze.[117] Wenn das alles nichts half, um einem Autor das Publikum abspenstig zu machen, konnten noch immer zeitig in der Früh die Beamten in Zivil anklopfen und die Einladung zu einem vertiefenden Gespräch aussprechen. Hier vermischt sich der Aspekt der Kunstproduktion mit dem Aspekt der „normalen" Repression, die jeden Staatsbürger treffen konnte. Abstrakt gesehen handelt es sich um zwei unterschiedliche Aspekte, aber für den Kunstproduzenten handelte es sich um eine Sache.

„Wir stehen vor der Gefahr physischer Vernichtung. (...) ein Symbol dessen, daß die Gesellschaft nach wie vor einer sozialen Gruppierung keine Sicherheitsgarantie bietet. (...) Und wir? Wir stammeln demütig von ‚reinigendem Feuer', von ‚Sühne'. Wir streiten uns, bis wir heiser sind, wer von uns sich als erster die Schlinge um den Hals legen soll."[118]

Indes, auch alle anderen Gruppen der Bevölkerung hatten keine Sicherheitsgarantien, also bürgerliche Freiheiten. Was die Sache freilich keineswegs besser machte. Das Spezifische der Kunstproduktionsverhältnisse war wie oben angedeutet das Fehlen des Marktes und für Künstler, die in Konflikt mit der Bürokratie gerieten, kontrahierten sich sofort alle Produktionsbedingungen drastisch. Als schlechte Alternative fungierten Samisdat und Tamisdat. Das bedeutet aber auch, einem anderen Brotberuf nachgehen zu müssen:

„Bevor ich weiter erzähle, muß ich erwähnen, daß wir drei, ich, Ota Filip, der Schriftsteller Miroslav Stoniš und der Dichter Josef Frais, zu Beginn der sogenannten ‚Normalisierung des Kulturlebens' in der Halle des ehemaligen städtischen Schlachthofes, wo damals wie heute noch ein Möbellager mit Montageräumen untergebracht ist, unser Brot verdienten."[119]

Für Künstler hingegen, die nicht in den Konflikt mit der Bürokratie gerieten, bedeuteten die planwirtschaftlichen Produktionsverhältnisse ein ziemlich stabiles Berufsleben und noch dazu ohne den Zwang, Kunst am Markt zu verwerten. Gleichzeitig bedeutete dies, auf die Welt zu verzichten und nur für ein Publikum eines Staates zu schreiben. Falls das Publikum tatsächlich aktiv vorhanden war. Denn Staatsverlage konnten auch Werke ohne lesendes Publikum drucken lassen – für die Regale und Auslagen.

Genau diese Verhältnisse hatten wiederum ihren Einfluss auf den Charakter der Kunst. Wie mit unsichtbarer Hand wurden das Folkloristische, das Regionale und das Biedere hervorgehoben. Die bürokratische Kaste konnte nur das Provinzielle in der Kunst aufsuchen und somit fördern. Diese Struktur schuf sich ihre Dissidenten unter den Kunstproduzenten wie von selbst. Dass die Dissidenten in vielen Punkten schließlich keine bessere politische Alternative als die Restauration des Kapitalismus fanden, mag von einem sozialistischen Standpunkt bedauert werden. Aber die Kunst muss ja nicht den Kriterien der Politik standhalten – Kunst verdient nie, bevormundet zu werden.

Im Provinziellen zu leben und für das Provinzielle arbeiten zu müssen, tut dem offenen Geist weh. Die Sehnsucht nach fernen Ländern und der großen weiten Welt, die – witzig genug – der Weltmarkt später wieder zu einem „globalen Dorf" machen sollte, musste sich Ausdruck verschaffen. Josif Brodskij hatte diese Spannung in seiner Lyrik trefflich verarbeitet:

„Ich möchte leben, mein Fortunatus, in einer Stadt, wo unter der Brücke der Fluß hervorkäme, wie aus dem Ärmel des Rocks die Hand, und sich in die Bucht ergießt mit den gespreizten Fingern Chopins, die niemand geballt sah.

Dort gäbe es ein Opernhaus, in dem ein alter Tenor Abend für Abend makellos die Arie des Mario singt, und der Tyrann applaudiert in einer Loge, und ich im Parterre presse vor Haß die Zähne zusammen und murmle: ‚Schaf'. (...)"[120]

Und die russische Lyrikerin Julia Wosnessenskaja, die 1976 mit fadenscheiniger Begründung zu fünf Jahren Verbannung nach Sibirien verurteilt wurde, schrieb mit einer bis heute nicht verblichenen Eleganz:

„Du schreibst, daß es in Italien nicht nur schöne Grabsteine gibt. Dort reifen Oliven und Pflaumen, auch Äpfel, wie ́s jedem beliebt.

Du schreibst von Fontänen, die rauschend an jeglichem Straßenrand stehn! Mein Weg führt nur bis zur Fontanka, wohin sonst sollte ich gehen?

Selbst die letzte Rast meines Lebens bleibt für mich ohne Ruh, ohne Sinn – Im Süden reifen die Pflaumen, doch weit ist die Reise dorthin."[121]

ANMERKUNGEN

1   Wolfgang Hildesheimer, Lieblose Legenden, 1991, Seite 18–20.

2   Vgl. Dieter Lamping, Kafkas Weltruhm. Eine Skizze, http://literaturkritik.de/id/17489 (27.3.2017).

3   http://www.geisteswissenschaften-in-sachsen.de/kulturraeume (14.6.2017) und auf dieser Seite weiter zum Kafka-Atlas.

4   http://www.geisteswissenschaften-in-sachsen.de/kulturraeume (14.6.2017).

5   https://books.google.com/ngrams (14.6.2017).

6   Egon Friedell, Kulturgeschichte des Altertums, 1936, 2009, http://gutenberg.spiegel.de/buch/kulturgeschichte-des-altertums-6584/1 (13.6.2017).

7   Franz Kafka, Der Prozeß, 1925, 1983, Seite 7.

8   Franz Kafka, Das Schloß, 1926, 1983, Seite 7.

9   Gabriel García Márquez, Hundert Jahre Einsamkeit, 1967, 2009, Seite 7.

10   Gottfried Keller, Der Grüne Heinrich, Zweite Fassung, 1879/80, Sämtliche Werke in acht Bänden, Band 4, 1958–1961, Seite 7–13.

11   James Joyce, Ulysses, 1922, http://www.online-literature.com/james_joyce/ulysses/1/ (1.5.2017).

12   Anthony Burgess, Der Fürst der Phantome, 1980, 2003, Seite 5.

13   Heinrich Böll, Ansichten eines Clowns, 1963, 1991, Seite 7.

14   Fjodor M. Dostojewskij, Der Idiot, 1868/69, 1977, Seite 7.

ANMERKUNGEN

[15] Nikolaj Gogol, Die toten Seelen, 1842, 1924, http://gutenberg.
      spiegel.de/buch/die-toten-seelen-7747/2 (1.5.2017).

[16] Fjodor M. Dostojewskij, Schuld und Sühne, 1866, 1980, Seite 7.

[17] Albert Camus, Der Fremde, 1942, 1983, Seite 7.

[18] Jean-Paul Sartre, Der Ekel, 1938, 1994, Seite 9.

[19] Vgl. https://www.nzz.ch/article8VLW2-1.259501 (1.5.2017).

[20] Friedrich Dürrenmatt, Das Versprechen, 1958, Seite 7.

[21] Patricia Highsmith, Der Schrei der Eule, 1962, 1976, Seite 7.

[22] Wladimir Kornilow, Die Demobilisierung. In: Kontinent Nr. 8, 1978,
      Seite 105.

[23] Wladimir Kornilow, Ohne Arme, ohne Beine, 1974, 1975, Seite 198.

[24] Max Frisch, Gedichte, die standhalten. Aus dem Tagebuch 1946-
      1949. In: Walter Hinck (Hrsg.), Ausgewählte Gedichte Brechts mit
      Interpretationen, 1978, Seite 11.

[25] Franz Kafka, Der Prozeß, 1925, 1983, Seite 7.

[26] In der Lyrik lässt sich das A-B-C-Schema architektonisch ausbau-
      en. Zum Beispiel bei: Ingeborg Bachmann, Die große Fracht. In: Die
      gestundete Zeit, 1953, 1978, https://www.lyrikline.org/de/gedichte/
      die-grosse-fracht-262\#.WUqIqLmUKBQ (21.6.2017). Die erste
      Strophe besitzt noch Optimismus (Typ A) – „Die große Fracht des
      Sommers ist verladen, das Sonnenschiff im Hafen liegt bereit" –
      aber in ihr ist bereits die Abweichung vom Optimismus (Typ B),
      die in der zweiten Strophe durchgeführt wird, und das Abgleiten
      in das Unglück (Typ C) mit der Phrase „wenn hinter dir die Möwe
      stürzt und schreit" angelegt.

[27] Franz Kafka, Der Prozeß, 1925, 1983, Seite 10.

[28] Franz Kafka, Das Schloß, 1926, 1983, Seite 8–9.

[29] Max Brod, Nachworte des Herausgebers, Nachwort zur ersten Aus-
      gabe, 1925. In: Franz Kafka, Der Prozeß, 1935, 1983, Seite 228.

[30] Max Brod, Nachworte des Herausgebers, Nachwort zur ersten Aus-
      gabe, 1925. In: Franz Kafka, Der Prozeß, 1935, 1983, Seite 224.

[31] Vgl. Franz Kafka, Brief an den Vater. In: Hochzeitsvorbereitungen

auf dem Lande und andere Prosa aus dem Nachlaß, 1935, 1983.

[32] „Sein Roman Der Process durfte in der Tschechoslowakei erst 1965 erscheinen" – https://de.wikipedia.org/wiki/Kafka-Konferenz (25.1.2017). Eine deutlichere Selbstentlarvung der bürokratischen Diktaturen durch die Verfemung von Kafkas Werk konnte es kaum geben.

[33] Franz Kafka, Das Schloß, 1926, 1983, Seite 10.

[34] Vgl. Franz Kafka, Das Schloß, 1926, 1983, Seite 301–303.

[35] Franz Kafka, Das Schloß, 1926, 1983, Seite 302.

[36] Vgl. Franz Kafka, Der Prozess, 1925, 1983, Seite 39.

[37] Franz Kafka, Der Prozeß, 1925, 1983, Seite 173.

[38] Franz Kafka, Der Prozeß, 1925, 1983, Seite 180.

[39] Franz Kafka, Das Schloß, 1926, 1983, Seite 7.

[40] Franz Kafka, Das Schloß, 1926, 1983, Seite 8–9.

[41] Franz Kafka, Das Schloß, 1926, 1983, Seite 44.

[42] Franz Kafka, Das Schloß, 1926, 1983, Seite 71.

[43] Franz Kafka, Das Schloß, 1926, 1983, Seite 56–57.

[44] Franz Kafka, Das Schloß, 1926, 1983, Seite 11.

[45] Franz Kafka, Das Schloß, 1926, 1983, Seite 22.

[46] Franz Kafka, Das Schloß, 1926, 1983, Seite 243-256.

[47] Karl Marx, Grundrisse der Kritik der politischen Ökonomie, 1858, MEW 42, Seite 250.

[48] Franz Kafka, Das Schloß, 1926, 1983, Seite 257.

[49] Allgemeines bürgerliches Gesetzbuch für die gesammten deutschen Erbländer der Oesterreichischen Monarchie, §1157, in der geltenden Fassung, https://www.ris.bka.gv.at/GeltendeFassung.wxe? Abfrage=Bundesnormen\&Gesetzesnummer=10001622 (16.4.2017).

[50] Kaiserliches Patent vom 20. December 1859, womit eine Gewerbe-

Ordnung für den ganzen Umfang des Reiches, mit Ausnahme des venetianischen Verwaltungsgebietes und der Militärgränze, erlassen, und vom 1. Mai 1860 angefangen in Wirksamkeit gesetzt wird, in der geltenden Fassung, http://alex.onb.ac.at/cgi-content/alex?aid=rgb&datum=18590004&seite=00000619 (14.6.2017).

51 Franz Kafka, Das Schloß, 1926, 1983, Seite 175.

52 Franz Kafka, Das Schloß, 1926, 1983, Seite 175-176.

53 Die zeitgenössische akademische Geographie, vor allem die verhaltensorientierte und handlungsorientierte Sozialgeographie unterscheidet zwischen den Konzepten Raum, spatial patterns, place und Ort (im Sinne von Örtlichkeit). Vgl. z.B.: Hartmut Leser (Hrsg.), Wörterbuch Allgemeine Geographie, 1997, 2005. Oder: Chris Hamnett (Hrsg.), Social Geography. A Reader, 1996. Oder: Heinz Heineberg, Einführung in die Anthropogeographie/Humangeographie, 2003. Hier werden indes die Begriffe Raum und Platz kontextuell verwendet.

54 Vgl. T.C. Boyle, The Tortilla Curtain, 1995. Deutsch: T.C. Boyle, América, 1996.

55 Max Brod, Nachworte des Herausgebers, Nachwort zur ersten Ausgabe, 1927. In: Franz Kafka, Amerika, 1935, 1983, Seite 250.

56 Franz Kafka, Amerika, 1935, 1983, Seite 80.

57 Max Brods Kafka-Interpretation wurde von Anfang an auch kritisch gesehen, vgl. etwa die Rezension aus „Der Spiegel" aus dem Jahre 1957: http://www.spiegel.de/spiegel/print/d-41120753.html (1.4.2017). Mittlerweile könnte auch die Kritik an Brod kritisch in einigen Bänden aufgearbeitet werden.

58 Max Brod, Nachworte des Herausgebers, Nachwort zur ersten Ausgabe, 1927. In: Franz Kafka, Amerika, 1935, 1983, Seite 261.

59 Karl Marx, Grundrisse der Kritik der politischen Ökonomie, 1858, MEW 42, Seite 250.

60 Vgl. Günter Wallraff, Ganz unten, 1985.

61 Vgl. z.B.: http://www.focus.de/panorama/welt/unfaelle-jetzt-schon-610-tote-in-bangladesch_aid_980582.html (27.4.2017).

62 Franz Kafka, Amerika, 1935, 1983, Seite 191.

ANMERKUNGEN

[63] Franz Kafka, Amerika, 1935, 1983, Seite 198.

[64] Vgl. Martin Walser, Seelenarbeit, 1979.

[65] Vgl. Sigmund Freud, Abriss der Psychoanalyse, 1914, 2016, Seite 9–44.

[66] Franz Kafka, Brief an den Vater. In: Hochzeitsvorbereitungen auf dem Lande und andere Prosa aus dem Nachlaß, 1935, 1983, Seite 128.

[67] Franz Kafka, Brief an den Vater. In: Hochzeitsvorbereitungen auf dem Lande und andere Prosa aus dem Nachlaß, 1935, 1983, Seite 124.

[68] Franz Kafka, Brief an den Vater. In: Hochzeitsvorbereitungen auf dem Lande und andere Prosa aus dem Nachlaß, 1935, 1983, Seite 127.

[69] Ingeborg Bachmann, Manila, 1971.

[70] Franz Kafka, Brief an den Vater. In: Hochzeitsvorbereitungen auf dem Lande und andere Prosa aus dem Nachlaß, 1935, 1983, Seite 158.

[71] Vgl. Franz Mehring, Gesammelte Schriften, 15 Bände, 1960–1967. Respektive: Band 9, 10 und 12.

[72] Franz Kafka, Brief an den Vater. In: Hochzeitsvorbereitungen auf dem Lande und andere Prosa aus dem Nachlaß, 1935, 1983, Seite 148.

[73] Franz Kafka, Brief an den Vater. In: Hochzeitsvorbereitungen auf dem Lande und andere Prosa aus dem Nachlaß, 1935, 1983, Seite 159.

[74] Vgl. Rudolph Bahro, Die Alternative, 1977. Respektive: I. und II. Teil.

[75] Nikolaj Gogol, Die toten Seelen, 1842, 1924, http://gutenberg.spiegel.de/buch/die-toten-seelen-7747/2 (1.5.2017)

[76] Selbstverständlich ist auch diese Aussage eine begriffliche Zuspitzung und nicht empirisch so zu verstehen, dass es im mittelalterlichen Haushalt keine Rückzugsräume gegeben hätte. Vgl. auch die Relativierung bei: Peter von Moos, „Öffentlich" und „privat" im Mittelalter. Zu einem Problem historischer Begriffsbildung, 1996.

ANMERKUNGEN

[77] Hans-Werner Goetz, Leben im Mittelalter vom 7. bis zum 13. Jahrhundert, 1986, 2002, Seite 35.

[78] Karl Marx, Grundrisse der politischen Ökonomie, 1857, MEW 42, Seite 188–189. Die „Grundrisse" wurden weder von Marx noch von Engels für die Veröffentlichung redigiert, der Text hat den ungeschliffenen Charakter eines Forschungsmanuskriptes, der im Gegenzug die Untersuchungsmethode umso deutlicher zum Ausdruck bringt.

[79] Karl Marx, Grundrisse der politischen Ökonomie, 1857, MEW 42, Seite 97.

[80] Karl Marx, Grundrisse der politischen Ökonomie, 1857, MEW 42, Seite 97.

[81] Karl Marx, Grundrisse der politischen Ökonomie, 1857, MEW 42, Seite 97–98.

[82] Karl Marx, Grundrisse der politischen Ökonomie, 1857, MEW 42, Seite 145.

[83] Karl Marx, Zur Kritik der politischen Ökonomie, 1859, MEW 13, Seite 8–9.

[84] Martin Walser, Halbzeit. Die Anselm-Kristlein-Trilogie, Erster Band, 1960, 1970. Seite 159.

[85] Karl Marx, Grundrisse der Kritik der politischen Ökonomie, 1858, MEW 42, Seite 20.

[86] Karl Marx, Grundrisse der Kritik der politischen Ökonomie, 1858, MEW 42, Seite 91.

[87] Karl Marx, Grundrisse der Kritik der politischen Ökonomie, 1858, MEW 42, Seite 91.

[88] Egon Friedell, Kulturgeschichte der Neuzeit, 1927, 2009, Seite 238–239.

[89] Egon Friedell, Kulturgeschichte der Neuzeit, 1927, 2009, Seite 52.

[90] Egon Friedell, Kulturgeschichte der Neuzeit, 1927, 2009, Seite 54.

[91] Karl Marx, Grundrisse der Kritik der politischen Ökonomie, 1858, MEW 42, Seite 95.

ANMERKUNGEN

[92] Karl Marx, Grundrisse der Kritik der politischen Ökonomie, 1858, MEW 42, Seite 95–96.

[93] Immanuel Kant, Grundlegung zur Metaphysik der Sitten, 1785, AA IV, Seite 429, https://korpora.zim.uni-duisburg-essen.de/kant/aa04/429.html (1.4.2017).

[94] Vgl. z.B. Ulrich Ruschig, Kant und Marx, 2004, https://www.uni-oldenburg.de/fileadmin/user_upload/philosophie/download/Kant+MarxII.pdf (1.5.2017). Ruschig stellt in einer Arbeit zum Über-schneidungspunkt zwischen Marx und Kant den kategorischen Imperativ folgender Passage von Marx gegenüber: Karl Marx, Zur Kritik der Hegelschen Rechtsphilosophie. Einleitung, MEW 1, Seite 385 und Karl Marx, Das Kapital. Kritik der politischen Ökonomie. Dritter Band, MEW 25, Seite 828.

[95] Karl Marx, Ökonomisch-philosophische Manuskripte, 1844, MEW 40, Seite 516.

[96] Vgl. Martin Seelos, Negation des Eigentums, 2016, Seite 41–49.

[97] Egon Friedell, Kulturgeschichte der Neuzeit, 1927, 2009, Seite 52.

[98] Vgl. Giorgio Vasari, Künstler der Renaissance, 1550, 1948, http://gutenberg.spiegel.de/buch/kunstler-der-renaissance-110/1 (1.5.2017).

[99] Vgl. zum Beispiel: https://static.biblioclub.ru/art_portal/pictures/429/429586/6545_catpage.jpg (1.5.2017).

[100] Vgl. etwa: https://upload.wikimedia.org/wikipedia/commons/e/e9/Rudolf_IV.jpg (1.5.2017).

[101] Vgl. Giorgio Vasari, Künstler der Renaissance, 1550, 1948, http://gutenberg.spiegel.de/buch/kunstler-der-renaissance-110/1 (1.5.2017).

[102] http://de.dbpedia.org/page/The_Big_Bang_Theory (12.12.2016).

[103] http://www.fnp.de/lokales/frankfurt/Wie-TTIP-die-Kultur-bedroht;art675,1679148 (1.5.2017).

[104] Vermutlich an dieser Stelle bereits evident: „Privat" und „öffent-lich" bezieht sich hier nicht auf die Frage, ob der Konsument sich alleine oder in einer Gruppe befindet, sondern ob er Privatleben als Person hat.

[105] Auch von marxistischer Seite: Vgl. Horst Kurnitzky, Versuch über den Gebrauchswert. Zur Kultur des Imperialismus, 1970.

[106] Ota Filip, Geschichten aus der „normalisierten Welt". In: Kontinent, Nr. 2, 1974, Seite 184–185.

[107] Jacques Droz, Europe Between Revolutions: 1815–1848, 1967, Seite 9.

[108] Diesen echten Realismus würde ich, zumindest angelegt, in dem Roman „Franziska Linkerhand" von Brigitte Reimann (1933–1973) oder in „Ohne Arme, ohne Beine" und in „Die Demobilisierung" des bereits zitierten Wladimir Kornilow ausmachen. Brigitte Riemann war keine Dissidentin, Wladimir Kornilow indes sehr wohl – der politische Standpunkt des Autors ist nicht entscheidend für die literarische Stilrichtung. Aber umgekehrt: Jeder echte Realismus hat zumindest die Zensur der Bürokratie auf den Plan gerufen. Und unter der Schere der Zensur litt auch „Franziska Linkerhand".

[109] Vgl. Hans Günther (Hrsg.), Marxismus und Formalismus, 1973.

[110] Andrzej Braun, Rede vor dem polnischen Schriftstellerkongreß, 1978. In: Kontinent Nr. 10, 1979, Seite 95.

[111] Der Genauigkeit halber sei erwähnt, dass Andrzej Braun nicht wirklich eine unpolitische Kunst bzw. einen unpolitischen Schriftstellerverband forderte. Er führte in seiner Rede nämlich weiter aus: „Die vaterländische Kultur und Literatur erachten wir als erstrangigen, eigenständigen Wert. Die Kultur jedes Volkes und insbesondere des polnischen – wir wissen dies aus unseren langjährigen Erfahrungen – besitzt ihre fundamentalen, unschätzbaren Quellen, aus denen sie hervorgeht und aus denen sie lebt. Die vaterländische Geschichte ist der erste jener Werte, die die polnische Kultur ausmachen." – Andrzej Braun, Rede vor dem polnischen Schriftstellerkongreß, 1978. In: Kontinent, Nr. 10, 1979, Seite 95. Vieles, was Andrzej Braun an der Kulturpolitik der Planwirtschaft kritisierte, war gut getroffen. Dass er von dem falschen, nämlich bürokratischen, Internationalismus ausgehend nicht den Weg zu einem echten Internationalismus fand, sondern die Traditionen der nationalen polnischen Kultur als Programm der Kunst aufstellen wollte, ist ein anderes Thema. Selbstverständlich geht es hier nicht um Polen als Polen, sondern um irgendeine nationale Kunsttradition; statt Polen könnten wir hier jedes beliebige Land, Region, Dorf und so weiter einsetzen. Den Begriff der „Kulturhoheit" haben wir ja bereits im vorhergehenden Kapitel kennengelernt. So sollte die Dialektik der Kunstentwicklung einen Rückwärtsgang

einlegen: Statt des Provinzialismus des Stalinismus sollte es den Provinzialismus der „guten alten Zeit" geben. Es versteht sich von selbst, dass Braun zu diesem Zwecke die nationale Kunsttradition metaphysisch und nicht historisch bedingt nahm. Das Metaphysische daran ist eine reaktionäre Utopie, aber eine, die sich geradezu von selbst als Gegenreaktion auf die bürokratische Kunstpolitik der Planwirtschaft des 20. Jahrhunderts herausbildete. Eine Kunstpolitik nämlich, die nicht nur das Kunstschaffen für Herrschaftszwecke der Bürokratie missbrauchte, sondern auch bei der nationalen Unterdrückung anderer Staaten teilnahm, statt die Einzelstaaten in der Planwirtschaft wirklich aufzulösen. Andrzej Braun: „Der Gedanke, daß einer den anderen belehrt, wie ein polnischer Schriftsteller zu wirken und sich als Bürger zu benehmen hat, ist beschämend. Es kam indes vor, daß selbst Gäste aus befreundeten Staaten polnische Schriftsteller belehrt haben, wie ein polnischer Schriftsteller zu sein habe." – Andrzej Braun, Rede vor dem polnischen Schriftstellerkongreß, 1978. In: Kontinent, Nr. 10, 1979, Seite 94.

[112] Osip Brik, Die sogenannte "Formale Methode", in: Hans Günther (Hrsg.), Marxismus und Formalismus, 1973, Seite 97.

[113] Naum Korschawin, Versuch einer poetischen Autobiographie, 1968. In: Kontinent Nr. 8, 1978, Seite 5.

[114] Boris Jampolskij, Es lebe die Welt ohne mich, 1970. In: Kontinent, Nr. 5, 1976, Seite 189–190.

[115] Andrzej Braun, Rede vor dem polnischen Schriftstellerkongreß, 1978. In: Kontinent Nr. 10, 1979, Seite 94.

[116] Naum Korschawin, Versuch einer poetischen Autobiographie, 1968. In: Kontinent Nr. 8, 1978, Seite 11.

[117] Vgl. P. Petschkin (Pseudonym?), tua res agitur. In: Kontinent, Nr. 10, 1979, Seite 182. Oder auch in dieser Hinsicht präzise: „Die Zensur bestimmt, wer (...) Schriftsteller sein darf, sie entscheidet über die Thematik eines literarischen Werkes, über dessen endgültige Form, über den Zeitpunkt und das Ausmaß seiner Verbreitung, und sie entscheidet auch darüber, wie es von der Öffentlichkeit aufgenommen wird, welches Echo es findet und wie die angebliche Lesermeinung ist." - Andrezej Braun, Rede vor dem polnischen Schriftstellerkongreß, 1978. In: Kontinent Nr. 10, 1979, Seite 99.

[118] P. Petschkin (Pseudonym?), tua res agitur. In: Kontinent, Nr. 10, 1979, Seite 179 und 182.

[119] Ota Filip, Geschichten aus der „normalisierten Welt". In: Kontinent, Nr. 2, 1974, Seite 193.

[120] Jossif Brodskij, Plato fortsetzend. In: Kontinent, Nr. 8, 1978, Seite 204.

[121] Julia Wosnessenskaja, Notiz an einen römischen Freund, Kontinent, Nr. 10, 1979, Seite 196. Die Fontanka ist ein Seitenarm der Newa in Sankt Petersburg.